그림으로 이야기를 담아내는
일러스트레이터

청소년들의 진로와 직업 탐색을 위한 잡프러포즈 시리즈 82

그림으로 이야기를
담아내는

이갑규 지음

일러스트레이터

TALK SHOW

"나는 내가 되고 싶은 것을 만들어낸다."

– 앤디 워홀 *Andy Warhol* –

"우리가 뭔가를 증명할 때는
논리를 가지고 한다.
그러나 뭔가를 발견할 때는
직관을 가지고 한다."

– 19세기 수학자 앙리 푸앵카 *Jules Henri Poincaré* –

C O N T E N T S

CONTENTS

일러스트레이터 이갑규의

프러포즈

여러분, 안녕하세요! 저는 20년이 넘는 시간 동안 그림을 그리며 살아온 일러스트레이터입니다. 아마 여러분에게 '일러스트레이터'라는 직업은 조금은 낯설게 느껴질 수도 있을 거예요. 여러분이 어렸을 때 읽었던 동화책, 학교에서 배우는 교과서, 우리가 매일 접하는 광고나 포스터 등에 그려진 그림들을 보신 적 있죠? 우리 주변에는 일러스트레이터의 손길이 닿은 그림들이 정말 많답니다.

저는 그동안 다양한 분야에서 그림을 그렸지만, 특히 어린이들을 위한 그림책과 동화책에 그림을 많이 그려왔어요. 단순히 그림을 그리는 행위를 넘어, 글 속의 주인공들을 상상하며 생생한 모습으로 그려내고, 글로는 다 담아내기 어려운 감정이나 분위기를 그림으로 표현하는 일은 저에게 늘 새로운 즐거움과 설렘을 안겨줍니다. 마치 마법처럼 저의 상상력이 더해져 이야기가 그림으로 피어나는 순간은 언제나 소중합니다.

일러스트레이션은 단순히 그림을 그리는 것을 넘어, 분명한 목적과 대중을 염두에 두고 작업하는 회화 활동과도 같아요. 제가 그린 그림이 담긴 책을 독자들이 읽고, 특히 아이들이 제가 그려낸 캐릭터와 이야기에 웃고 공감하며 행복해하는 모습을 볼 때면, 말로 다 표현할 수 없는 큰 보람과 행복을 느낍니다. 독자들의 순수한 피드백은 제가 이 작업을 계속할 수 있는 가장 큰 원동력이 되곤 합니다.

일러스트레이터는 혼자서 작업하는 경우가 많아 남의 간섭을 덜 받고 자유롭게 시간을 활용할 수 있다는 큰 장점이 있어요. 새벽이든 밤늦게든, 저에게 가장 효율적인 시간에 몰입하여 작업할 수 있죠. 하지만 동시에 스스로 모든 것을 계획하고 관리하는 철저한 자기관리 능력이 중요합니다. 창작의 고뇌를 이겨내고 꾸준히 작업하며, 마감 기한을 지키는 책임감 또한 필수적이죠.

이 책을 통해 여러분에게 제가 경험했던 일러스트레이터의 재미있고 멋진 세상을 소개하고 싶어요. 그림을 그리는 과정부터 저의 작업실 풍경, 그리고 일러스트레이터가 되기 위해 어떤 준비를 해야 하는지까지, 제가 직접 겪고 배운 것들을 솔직하고 자세하게 이야기해 드릴게요.

혹시 여러분 중에 그림 그리는 것을 좋아하거나, 나만의 상상력을 그림으로 표현하는 것에 흥미를 느끼는 친구가 있다면, 이 책이 여러분의 꿈을 찾아가는 작은 길잡이가 되어줄 수 있을 거예요. 자, 그럼 그림으로 세상을 아름답게 만들어가는 일러스트레이터의 다채로운 세계로 저와 함께 떠나볼까요?

첫인사

편 토크쇼 편집자

이 일러스트레이터 이갑규

편 오늘은 이갑규 작가님을 모시고 일러스트레이터라는 직업에 관한 이야기를 나누려고 합니다. 안녕하세요?

이 안녕하세요, 어린이책을 비롯한 여러 분야에서 일러스트레이터로 활동하는 이갑규입니다. 어느덧 이 일을 한 지 25년이 지나고 있네요.

편 어떻게 일러스트레이터가 되셨어요?

이 대학을 졸업하고 나서 3년 정도 입시 미술학원에서 강사로 일했어요. 대학교 다니면서도 학원에서 일했으니까 합치면 7년 정도 했는데요. 처음에는 그쪽 길을 갈 수도 있겠다는 생각도 했죠. 그런데 학원에서 계속 아이들 앞에서 시범보이고, 똑같은 내용을 반복해서 가르치다 보니 어느 순간무료함을 느꼈어요. 내 발전이 없다는 생각도 들었고요. 그시기에 만화를 해보자는 생각이 들어서, 만화를 좋아하던 친구랑 1년 정도 협업했어요. 그 친구는 그림을 굉장히 잘 그렸고, 저는 스토리에 관심이 있어서 시나리오를 맡았죠. 물론역할을 딱 나누진 않고, 서로 아이디어를 주고받으면서 함께작업했어요.

편 결과는 어땠나요?

이 그때 만든 작품을 들고 서울문화사, 학산문화사를 포함해 출판사 네 군데에 투고했는데, 전부 반려됐어요. '호흡이 너무 느리다', '영화 보듯 만화를 만들었다'라는 피드백이 왔죠. 그림과 스토리만 좋으면 된다는 아마추어적인 생각이 문제였던 것 같아요. 장르에 따라 요구되는 리듬감 같은 걸 제대로 파악하지 못했죠.

편 그 이후에는 어떤 길로 나아가셨나요?

이 만화를 하다 보니 자연스럽게 일러스트레이션 작업에도 관심이 생겼어요. 만화랑 일러스트레이션이 겹치는 부분이 많거든요. 그래서 처음엔 학습지나 사고력 문제집 같은 데에 들어가는 일러스트레이션 작업을 아르바이트처럼 시작했는데, 그게 계기가 돼서 지금까지 이어지게 됐어요.

편 작가님이 활동하는 주 분야가 어린이책인가요?

이 출판 관련한 일은 거의 다 하고 있어요. 교과서에 들어가는 그림 작업도 하고, 동화책이나 청소년 소설에 들어가는 삽화, 전집 작업, 그림책, 유아용 보드북, 영화용 그림까지도

다 합니다. 예전에는 백화점에 걸리는 그림도 그리고, 의뢰가 들어온 것은 가리지 않고 했었는데, 지금은 책 분야가 중심이 되었죠.

편 작가님이 그린 책이 몇 권이나 될까요?

이 제 프로필에는 250권 정도 작업했다고 적어놨는데, 언제부터인가 굳이 숫자를 세지 않아서 잘 모르겠어요. 아마도 300권이 훨씬 넘을 거예요. 전집에 그림을 그릴 때는 한 번에 여러 권이 함께 들어가기 때문에 작업량이 확 늘어나거든요. 예전에는 전집 작업도 정말 많이 했는데, 요즘엔 단행본 위주로 작업하고 있어요.

편 작가님은 현재 일러스트레이터로 일하시지만, 그림책 작가로 창작 활동도 하시는데요. 2015년 첫 창작 그림책 〈진짜코 파는 이야기〉(책읽는 곰)로 제55회 한국출판문화상 어린이·청소년 부문에서 수상하셨어요. 어떤 계기로 출판하게 되었고, 책의 내용은 무엇인지 궁금해요.

이 그때는 전집과 그림책에 그림을 그린 지 15년 정도 되었을 때인데, 딱히 어떤 계기가 있었던 것은 아니고 이 일을 오

동시집

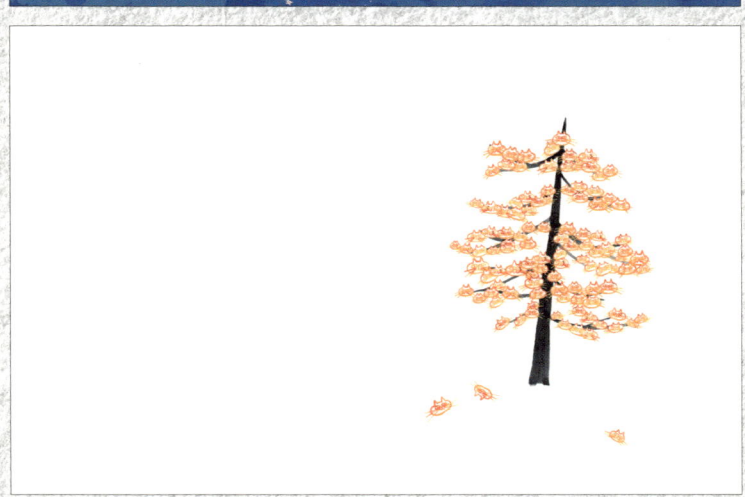

래 하다 보니 자연스럽게 창작 그림책도 만들어 볼까, 하는 생각이 들었던 거예요. 저는 원래 서사에 관심이 많아요. 만화를 만들 때도 제가 스토리를 담당했잖아요. 그래서 아이디어가 있으면 창작 그림책을 내도 되지 않을까 하는 마음이 있던 중, 코 파는 이야기를 소재로 그림책을 만들어 보자는 결심을 했죠. 하지만 코를 판다는 매우 가볍고 일상적인 소재를 유치하지 않게 이야기로 전개할 수 있을지 고민도 많았어요. 이야기의 콘셉트를 정하기까지 시간이 꽤 걸렸지만, 정하고 난 뒤에 그림 그리는 시간은 짧았어요. 채색할 때 판화, 아크릴, 유화, 수채화 등 여러 가지를 시도해 보는 것도 재미있었죠. 최종적으로 수채화에 연필을 조금 섞었는데요. 그때까지는 남의 책에 그림을 그려주는 일만 하다가 순전히 저의 창작 작업을 하니까 정말 재미있더라고요. 그래서 잠들면 아이디어가 사라질까 봐 잠을 안 자려고도 했었죠. (웃음) 책을 출간한 후에는 독자들의 반응이 좋지 않으면 어쩌지? 하는 걱정도 했었는데, 다행히 아이와 어른 모두 재미있어했고, '우리 아이가 이 책만 찾아요'하는 반응도 있었어요. 그런 얘기를 들을 때 뿌듯했죠.

編 첫 창작 그림책을 내신 후로 다시 10년이 지났어요. 지금까지 창작 책은 얼마나 내셨나요?

이 출간된 책은 8권이고, 출간은 아직 안 됐지만 계약만 한 책이 10권 정도 있어요. 그림을 그려달라는 외주는 기한이 있어서 꼭 지켜야 하는데, 창작 책은 기한이 없어요. 그래서 출판 계약을 하고 10년이 지난 책도 있게 되었어요. 아무래도 외주 받은 일을 먼저 하고, 중간중간 시간을 내서 창작 작업을 하다 보니 늦어지고 있네요.

編 이 일을 하다 보니 자연스럽게 그림 작가에서 글 작가로 일을 확장하신 것 같아요. 들려주실 이야기가 많을 것 같아 기대됩니다. 본격적인 인터뷰에 앞서 이 책을 읽으며 진로를 고민하는 청소년에게 어떤 이야기를 들려주고 싶으세요?

이 인터뷰를 하는 지금, 마침 우리 딸이 진로 고민을 하는 고3 학생이에요. 회화를 전공하기 위해 입시 미술학원에 다니고 있는데, 그전에 "왜 나는 하고 싶은 게 없을까?"라면서 고민하더라고요. 그 말을 듣고 저도 그맘때의 저를 떠올려봤더니, 어릴 때 딱히 하고 싶은 게 없었던 것은 저도 마찬가지였어요. 그래서 딸한테 이렇게 말했어요. "없으면 어때. 전혀 신경 쓸 일 아니야. 아빠도 그랬어. 하고 싶은 게 생기면, 그때 하면 돼. 지금은 급하게 생각할 거 없어"라고요. 요즘은 너무 어릴 때부터 '꿈을 가져야 한다'라는 강박이 있는 것 같아요. 그런데 저는 꼭 뚜렷한 꿈이 없었다는 게 오히려 장점이 되기도 한다고 봐요. 다양한 길을 두루 경험하다 보면, 어느 순간 내 길을 만날 수 있거든요.

편 꿈 없이 시작한 것이 작가 생활에도 도움이 되었다고 보시나요?

이 그렇죠. 꼭 국문과나 문예창작과를 나와야 소설가가 되는 것도 아니잖아요. 어떤 일을 하든 다양한 경험은 결국 나를 만드는 자산이 돼요. 그래서 저는 오히려 그런 열린 태도가 창작자에게는 더 유리할 수 있다고 생각해요. 진로를 찾는 속도나 방식엔 정답이 없어요. 천천히 나만의 속도로 가도 괜찮다고, 우리 딸에게도, 이 책을 읽는 청소년에게도 그렇게 말해주고 싶어요.

편 작가님의 말씀처럼 좋아하는 것, 하고 싶은 것을 찾는 청소년을 위해 잡프러포즈 시리즈가 있는데요. 일러스트레이터가 되는 꿈을 가진 청소년에게는 길잡이가 되고, 하고 싶은 것을 찾는 청소년에게는 다른 세상을 보여주는 창이 되어 여러분에게 다가가기를 기대하며, 일러스트레이터 편을 시작합니다.

일러스트레이터의
세계

일러스트레이션은 무엇인가요

편 일러스트레이션은 무엇인가요?

이 일러스트레이션illustration은 어떤 의미나 내용을 시각적으로 전달하기 위하여 사용되는 삽화, 사진, 도안 따위를 통틀어 이르는 말이에요. 출판·광고와 같은 인쇄 매체를 통하여 어떤 목적이나 내용을 효과적으로 전달하기 위하여 표현한 모든 그림도 포함하지요. 일러스트라고 줄여서 쓰기도 합니다. 단순히 예쁜 그림이 아니라, 어떤 내용이나 이야기를 시각적으로 잘 전달해 주는 그림이 곧 일러스트레이션입니다. 동화책이나 교과서, 잡지 같은 데서 내용을 설명해 주는 그림들이 대표적이에요. 꼭 말로 설명하지 않아도, 그림만 보고도 '아, 이런 내용이구나'하고 이해할 수 있게 해주는 거죠.

편 시각적인 정보가 흔한 요즘은 다양한 분야에서도 쓰일 것 같은데, 어떤가요?

이 맞아요. 요즘은 훨씬 더 다양하게 쓰여요. 예를 들어, 게임 캐릭터나 웹툰, 앱 디자인, 인스타그램 콘텐츠, 유튜브 썸네일까지도 전부 일러스트레이션이 들어가요. 광고 쪽도 많이 쓰이는데, 포스터, 전단, 제품 패키지 디자인은 물론이고 기업의 브랜드 캐릭터나 마스코트도 대부분 일러스트레이터가 작업하죠. 특히 게임은 일러스트레이션의 꽃이라고 할 정도예요. 캐릭터, 배경, 아이템, UI(사용자 인터페이스) 등 거의 모든 시각 요소에 일러스트레이션이 들어가요. 판타지든 캐주얼이든, 게임 분위기를 정하는 데 일러스트레이션이 큰 역할을 하죠. 우리가 일상에서 보는 거의 모든 시각 콘텐츠에 일러스트레이션이 쓰인다고 봐요.

편 일러스트레이션도 회화의 한 장르인가요?

이 넓게 보면 그림이라는 큰 범주 안에 들어가는 시각 이미지로 그림의 한 갈래라고 말할 수 있어요. 다만 전통적인 미술 장르(풍경화, 초상화, 추상화 등)처럼 주제나 표현 방식으로 구분하기보다는, 어디에 쓰이느냐와 전달할 메시지가 먼저 정해지는 응용미술·시각 커뮤니케이션 분야로 분류되는 경우가 많아요. 즉, 그림이긴 한데 '기능을 띤 그림'이라는 점이 일러스트레이션의 핵심 특징이에요.

편 예술이면서 동시에 실용적인 기능도 있는 거네요?

이 그렇죠. 일러스트레이션은 예술적인 감각이 필요하면서도, 실제로는 정보를 전달하고 사람의 감정을 움직이게 하는 실용적 그림이라고 할 수 있어요. 일러스트레이터는 그걸 그리는 사람이죠. 말이나 글로만 표현하기 어려운 걸 그림으로 더 쉽게, 더 매력적으로 표현해 주는 사람이 일러스트레이터입니다. 예술가이면서 동시에 시각 언어를 다루는 전달자라고도 할 수 있죠.

광고1

광고2

광고3

광고4

그림으로 이야기를 담아내는
일러스트레이터

제작 의뢰를 받는 것이
일반적인가요

편 일러스트레이터는 제작을 의뢰받아 그 용도에 맞게 그리는 것이 일반적인가요?

이 네, 대부분의 일러스트레이션 작업은 의뢰받아서 진행돼요. 클라이언트가 원하는 목적과 메시지가 있고, 그에 맞는 이미지를 만들어내는 게 핵심이에요. 의뢰받을 때는 콘셉트, 색감, 크기, 분위기, 기한 등 다양한 조건이 붙는 경우가 많아요. 그래서 의뢰자의 요구에 맞춰야 하지만, 그 안에서 작가만의 스타일이나 해석을 담아내는 게 중요해요. 같은 내용을 그리더라도 작가에 따라 그림의 분위기나 전달력은 완전히 달라질 수 있어요. 그 제약 안에서 얼마나 창의적으로 해결하느냐가 실력이죠. 문제 해결 능력도 일러스트레이터의 중요한 역량이에요.

편 클라이언트는 무엇을 보고 일러스트레이터를 선택하나요?

이 일러스트레이터의 그림 스타일을 보고 의뢰하는 경우가 많아요. 제한된 틀 안에서도 개성은 드러나게 되어 있고, 작가 고유의 색감, 선, 인물 표현 방식 등은 쉽게 바뀌지 않거든요. 저는 동화책, 그림책 작업을 많이 하는데, 출판사에서 제가 작업한 책을 보고 의뢰를 합니다. 출판사 편집자들은 보통 기존에 출간된 책을 참고해서, 그 내용과 분위기에 어울릴 만한 스타일의 그림을 그린 작가를 찾아요. 이렇게 찾은 뒤, 직접 연락해서 의뢰하는 거죠. 또는, 글 작가가 어떤 그림 작가와 함께 작업하고 싶다고 먼저 제안하기도 해요. 이럴 때는 출판사가 그 작가와 작업이 가능한지 확인하고, 조건을 맞춰서 계약을 진행하지요. 그래서 일러스트레이터는 자신의 책이나 포트폴리오를 꾸준히 공개해 두는 것이 중요해요. 출판사나 글 작가 등 클라이언트가 볼 수 있도록 노출하는 거죠. 이런 식으로 한 권 한 권 작업이 이어져요.

주로 활동하는 분야는 어디인가요

[편] 일러스트레이터가 주로 활동하는 분야는 어디인가요?

[이] 일러스트레이션이 쓰이는 곳은 굉장히 다양한데, 일러스트레이터가 가장 많이 활동하는 분야는 어린이책일 거예요. 백화점 벽면 장식, 기업 홍보용 사보, 광고 이미지, 패키지 디자인 등 여러 분야에서 활동하던 일러스트레이터가 나중에는 어린이책 분야에 정착하는 경우가 꽤 있어요. 그건 어떤 한 곳에 그림이 한 번 사용되면 그 이미지가 너무 특정되어 버려서 다른 곳에서 재사용하기 어려운 일러스트레이션의 특성 때문이에요. 예를 들어 A 백화점에 한 번 그림이 걸리면, B나 C 백화점에서는 그걸 쓰지 않으려고 하거든요. 그래서 지속적으로 활동하기가 쉽지 않아요. 한 작품이 여기저기 반복해서 쓰일 수 없는 구조니까요. 게다가 광고나 브랜드용 그림처럼 이미지가 강한 그림일수록 다른 곳에 다시 쓰기는 더 어려워요.

그런데 책은 달라요. 특히 어린이책은 계속 새로운 내용이 만들어지고, 그때마다 새로운 그림이 필요하니까요. 그래서 일러스트레이터들이 자연스럽게 그쪽 분야로 많이 모이게 돼요. 꼭 아이들을 좋아해서 그런 것은 아니고, 수요가 그쪽에 많아서 그렇게 된 거죠.

편 작가님은 어땠나요?

이 저도 처음에는 굉장히 다양한 그림을 그렸어요. 제품 설명서에 들어갈 삽화, 브랜드 소개에 필요한 사실적인 그림, 백화점 홈페이지 메인 이미지 같은 것도요. 그런데 점점 일이 아동 그림책 위주로 들어오게 되면서, 저도 모르게 그림 스타일이 그쪽으로 특화되었죠. 저와 마찬가지로 일러스트레이터 중 열에 아홉은 어린이책에 그림 그릴 가능성이 높아요.

출판 분야에 따라 일러스트레이션의
성격도 달라지나요

편 어린이책이라도 그림이 적게 삽입된 동화책, 그림의 비중이 더 많은 그림책 등 여러 분야가 있는데, 동화책이랑 그림책은 그림 그릴 때 다른 점이 있나요?

이 네, 달라요. 동화책에 들어간 그림은 삽화의 성격이 강해요. 삽화는 책이나 신문, 잡지 같은 글에 내용을 보충하거나 분위기를 전달하기 위해 넣는 그림이에요. 글의 흐름을 이해하기 쉽게 돕고, 감정을 풍부하게 표현하는 역할을 해요. 보통 이야기 중간중간에 들어가는 그림을 말하죠. 동화책은 글이 중심이고, 그림은 그 글을 보조하는 역할을 해요. 예를 들어 주인공이 산에 올라가는 장면이 글에 있다면 그 장면을 그대로 따라 그리는 거예요. 그림이 글을 설명해 주는 방식이죠.

반면에 그림책은 그림이 이야기를 따라가는 게 아니라, 스스로 이야기를 끌고 가는 성향이 강해요. 그림 하나하나가 이야기의 일부가 되는 거죠. 그래서 묘사가 아니라 서사가 중요해요. 말 없는 장면에서도 그림만으로 감정을 전달하고, 흐름을 만들어가요.

편 그림이 그렇게 중요한 역할을 하면, 글이 바뀌는 경우도 있을 것 같아요.

이 자주 있는 편이에요. 일러스트레이터가 글을 해석해 그림을 그려서 보내면 편집자나 글 작가가 어떤 장면은 그림만으로도 충분하다고 생각해 그림과 겹치는 글을 뺄 때도 있고, 그림이 좋아서 또는 그림의 흐름에 맞춰 글을 바꾸기도 해요. 어떤 책은 그림을 보고 글을 아예 다시 쓰기도 해요. 그림에 맞게 조정하는 거예요.

편 그림책도 전집과 단행본이 있는데, 그것도 차이가 있을까요?

이 전집 그림책과 단행본 그림책의 일러스트레이션은 분명한 차이가 있어요. 전집 그림책은 주로 한글, 수학, 생활 습관 등 교육적인 목적을 가지고 기획되기 때문에 그림 또한 아이들이 내용을 쉽게 이해할 수 있도록 설명하는 방식이 주로 쓰여요. 선이 단순하고 구도가 명확하며 반복되는 패턴이 많고, 정보를 전달하는 데 중점을 둡니다. 이 경우 편집자들은 그림이 얼마나 선명하게 의미를 전달하느냐, 독후 활동과 잘 연계되느냐를 기준으로 삼아요.

반면 단행본 그림책은 작가의 예술성과 문학성이 중요하게 여겨집니다. 그림이 단순히 이야기를 보조하는 것을 넘어, 감정과 분위기, 상징까지 전달하는 역할을 하며, 회화적인 표현이 돋보이기도 해요. 편집자들은 이때 그림에서 '문학적인 냄새'를 기대하거나, '작품성 있어 보인다'라는 인상을 중요하게 생각하기도 하죠. 이처럼 단행본에서는 그림이 하나의 독립적인 예술 작품처럼 기능하며, 아이들뿐만 아니라 성인 독자들에게도 감동을 줄 수 있는 미적 완성도를 추구하는 경향이 있어요.

전집은 전달력과 실용성을 중시하고, 단행본은 예술성과 감성을 중요시하는 방향인 거예요. 같은 일러스트레이션이라도 어떤 책의 그림이냐에 따라 요구되는 표현 방식과 기대치가 달라지는 셈입니다.

그림책 일러스트레이션의
특징은 무엇인가요

편 그림책 일러스트레이션만의 특징이 있을까요?

이 그림책 작업은 글 작가와 협업하는 느낌이에요. 동화책은 글이 주도하고 그림이 보조하지만, 그림책은 글과 그림이 함께 이야기를 만들어요. 예를 하나 들어볼게요. 글에서는 주인공이 '속상한 다음에 방으로 들어갔다'라고만 했어요. 그런데 그림을 보면, 주인공이 어깨를 잔뜩 움츠리고 고개를 푹숙인 채 방 한구석에 웅크리고 있어요. 창밖은 어둡고, 방 안에는 주인공 혼자만 있어요. 이 장면을 본 독자는 '아, 그냥속상한 게 아니라 정말 외롭고 힘들겠구나'하고 느끼게 되죠. 글은 간단하게 말했지만 그림이 감정을 더 깊게 전달해 준거예요. 또 어떤 장면에서는 글에는 없던 요소가 그림에 나타나기도 해요. 글에는 '엄마가 아침밥을 차려주었다'라고 했지만, 그림에는 엄마의 눈에 눈물이 맺혀 있고, 식탁 위에는아빠의 빈 의자만 덩그러니 남아 있어요. 독자는 '이 집에 무슨 일이 있었구나'하고 글로는 말하지 않은 상황까지 상상할수 있어요. 이렇게 글이 그림 덕분에 더 풍부해지고, 그림이 글 덕분에 더 깊은 의미를 얻게 되는 거예요. 글과 그림이 따로가 아니라, 함께할 때 더 큰 울림을 주는 시너지 효과가 있죠. 그래서 그림책은 단순히 '글 + 그림'이 아니라, 둘이 만나

겸손은 힘들어

서 새로운 차원의 이야기를 만들어내는 예술이에요. 이 시너
지를 잘 만들어내는 일, 바로 그게 그림책 일러스트레이터의
중요한 역할이에요.

스 ─ 윽 ─

겸손은 힘들어

심부름 - 동네를 돌겠어

코끼리 발도장

편 어린이가 많이 보는 그림책의 예를 하나 들어주세요.

이 〈백만 년 동안 절대 말 안 해〉라는 그림책이 있어요. 허은미 작가가 글을 쓰고 김진화 일러스트레이터가 그린 그림책인데요. 아이가 "가족 같은 건 필요 없어"라고 외치며 자기 방문을 닫고 그 안에서 땅굴을 파기 시작해요. 아이가 가족에 대한 원망을 쏟아내고, 혼자서 마음대로 뭐를 할 거라고 말할 때마다 땅굴은 깊어지죠. 여기서 재미있는 것은 글의 서사와 그림의 서사가 따로 있다는 거예요. 아이가 말하는 것이 그림으로 표현되는 게 없어요. 대신에 그림은 글에는 없는 내용, 즉 땅굴을 팔수록 아이가 내면에 갇혀버리는 듯한 모습을 표현했어요. 아이가 너무 깊이 들어가자 안 되겠다고 생각한 가족들이 힘을 합쳐 아이를 끌어올리는데, 이게 또 처음부터 마련한 장치가 있었어요. 아이가 땅굴 안으로 들어갈 때 빨간 털실을 나무에 묶어두었는데, 그게 엄마가 떠준 목도리의 털실이었던 거예요. 글에는 털실 이야기가 하나도 없는데, 이게 가족과의 연결고리를 상징했던 거죠.

편 글의 서사와 그림의 서사 따로 있지만, 서로 보완하며 하나의 서사를 만드는군요. 그러면 그림책 의뢰가 올 때 어떻게 그려달라고 요청하는 것이 있나요?

이 단행본 그림책은 특별한 제한 사항이 거의 없어요. 출판사에서는 그림책의 원고가 완성되면 그 글에 어울리는 그림을 그릴 일러스트레이터를 찾아요. 글을 본 일러스트레이터가 원고를 보고 나름대로 해석해서 그리는 거예요. 저의 경험에 비추어 보면 〈백만 년 동안 절대 말 안 해〉의 그림 작가도 그랬을 거예요. 글을 보고 아이가 가족이 싫다며 내면으로 들어갔다가 가족에 의해 다시 제자리로 돌아오는 것으로 해석하지 않았을까 추측해 볼 수 있어요.

글이 있는 책의 그림 작업은
어디에 중점을 두나요

[편] 글이 있는 책의 그림을 의뢰받으면 어디에 중점을 두고 작업하시나요?

[이] 그림을 맡길 때 출판사 편집자들은 일러스트레이터에게 글에 없는 것을 그림이 채워주거나, 새로운 시선을 더해주는 그림이 나오기를 바라요. 예를 들어, 아이가 화가 났다는 글이 있다면, 그냥 찡그린 얼굴만 그리기보다 아이가 점점 자기 안으로 숨는다든지, 화가 나는 모습이 다른 그림책에서는 찾아볼 수 없는 새로운 표현 같은 거죠. 그래서 글을 보고 그림을 그리는 작업은 2차 창작이에요. 단순히 글을 옮겨 그리는 게 아니라, 글의 분위기와 흐름, 감정 등을 시각적으로 해석해서 그림으로 표현하는 창작과정이죠.

[편] 글을 해석하는 게 제일 먼저 할 일이네요.

[이] 맞아요. 글에 나온 내용을 그대로 설명하는 그림은 좋지 않아요. 그림책의 그림은 단순한 묘사가 아니라 '그림이 만드는 이야기'가 있어야 좋은 그림이에요. 그래서 그림책의 일러

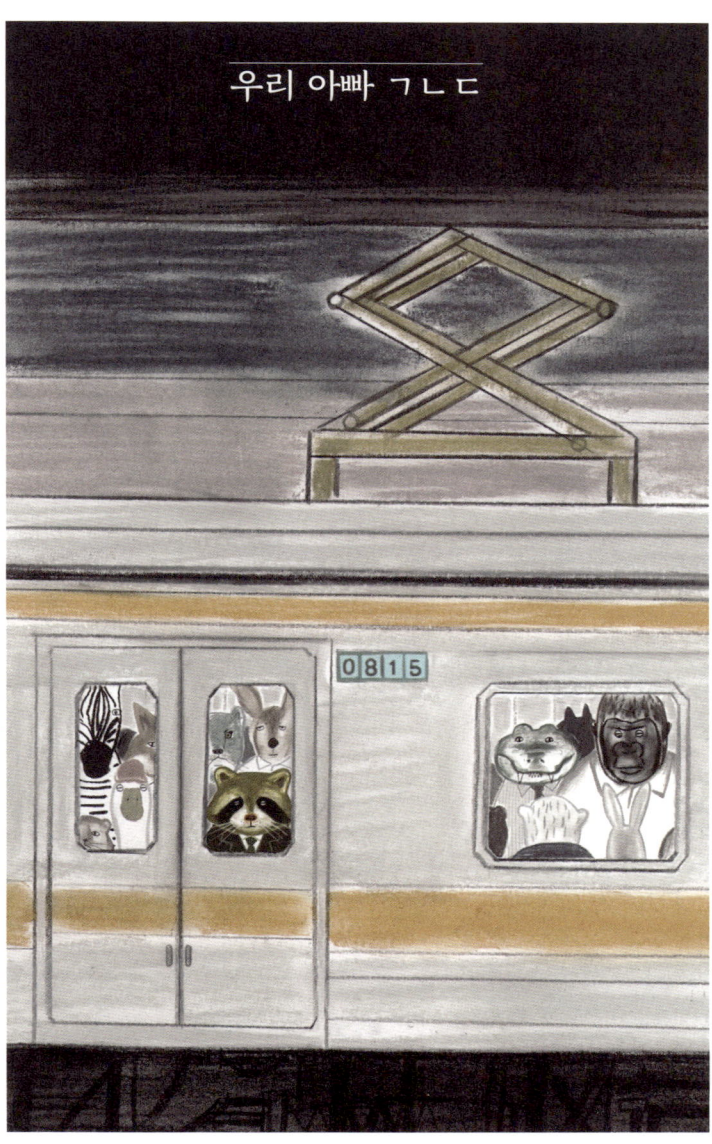

스트레이터는 서사를 그림으로 풀어내는 능력이 정말 중요해요. 이것은 그림만 봐도 이야기가 흐르도록 만드는 능력이죠. 예를 들어, 글에 '아이가 슬펐다'라고 되어 있다면, 단순히 우는 표정을 그리는 게 아니라, 아이가 울고 있는 곳의 배경, 우는 자세, 색감 등을 통해 그 감정이 더 깊고 풍부하게 느껴지도록 그려야 해요.

편 그림만 잘 그린다고 이 일을 할 수 있는 건 아닌 것 같아요.

이 그렇죠. 미술 실력이 뛰어나도 그림이 너무 설명적으로만 흐르면 편집자들이 아쉬워하죠. 그림만의 이야기나 해석이 없으면 밋밋한 그림책이 되고 말아요. 그림책은 글과 그림이 서로 시너지를 낼 때 가치가 높아지니까요.

글 작가와 소통하며
작업하나요

편 글 작가가 있는 그림책을 의뢰받았을 때 서로 소통하며 작업하나요, 아니면 독자적으로 일러스트레이터의 역량을 발휘하는 건가요?

이 글 작가와 그림 작가가 직접 만나거나 긴밀하게 소통하는 일은 생각보다 드물어요. 대신 출판사의 편집자가 중간에서 모든 소통을 조율하죠. 그림의 방향, 분량, 스타일 등은 보통 편집자가 일러스트레이터와 협의해서 결정해요. 하지만 편집자가 그림에 대해 잘 모를 수도 있기 때문에, 보통은 책의 디자이너가 함께 참여해서 그림 콘셉트를 잡는 경우가 많아요. 오히려 편집자보다 디자이너가 더 주도적으로 이끄는 경우도 많고요. 특히 그림책처럼 시각적 완성도가 중요한 책에서는 디자이너의 역할이 더 커지기도 해요.

물론 예외도 있어요. 글 작가가 그 책에 대한 애정이 많거나, 성격적으로 직접 소통을 원할 때는 일러스트레이터와 만나서 함께 이야기 나누기도 해요. 하지만 이런 경우는 전체 작업 중에서도 드문 편이에요.

편 왜 드물게 되었을까요?

이 초기에는 더 많았을지도 몰라요. 그런데 글 작가와 그림 작가 둘 다 개성이 강한 창작자들이다 보니 의견이 충돌하는 경우가 있었고, 그로 인해 작업이 어려워지는 경우도 생겼죠. 그래서 출판사에서는 중간에 편집자가 조율하는 방식이 더 안정적이라고 판단하게 된 거예요.

편 어린이책은 전집도 꽤 비중을 차지하는데, 전집은 어떤 가요?

이 전집이나 학습지처럼 교육용 책은 의견을 조율하고 함께 논의하는 과정보다는, 출판사에서 요구하는 방향대로 그리는 경우가 많죠. 그림을 의뢰받고 스케치를 보내면 수정 요청이 오고, 또 채색한 후에도 추가 수정을 요청받는 식이에요. 그런데 수정 내용을 수긍할 수 없을 때도 많아요. 예를 들어, 제가 장면의 분위기를 살리려고 저녁노을이 지는 배경으로 감성적인 그림을 그려냈는데, 거기에 '하늘은 파랗게'라고 포스트잇이나 빨간 글씨로 지시가 적혀 있는 식이죠. 마치 그림을 도식처럼 보는 편집자들도 있어요.

편 그러면 전집보다 단행본을 선호하는 분위기인가요?

이 꼭 그런 것은 아니에요. 전집은 단행본보다 일이 수월하고 기한이 정해져 있어 일정한 수입원이 되는 장점이 있어요. 다만 원고를 이해하고 그림으로 서사를 만드는 과정에서 전집은 소통이 거의 일방통행이라는 단점이 있는 거죠. 전집을 오래 해오신 작가님들 중에서도 이제는 단행본, 특히 창작 그림책 작업을 하고 싶어 하시는 분들이 많아요. 창작의 자율성과 소통의 여지가 더 많다고 느끼니까요. 단행본은 상대적으로 작가의 의견이 더 반영될 여지가 있고, 창작적인 면도 존중받는 편이에요.

창작의 아이디어를 얻는 방법은
무엇인가요

[편] 원작이 있는 책의 그림을 그리는 일도, 글과 그림을 모두 창작하는 일도 창의적인 아이디어가 필요한 일인데요. 아이디어는 어디서 얻으세요?

[이] 이 질문은 정말 자주 받아요. 너무 뻔한 질문 같지만, 그만큼 중요하기도 하죠. 저는 주로 그림을 그리는 일을 하지만, 소설도 쓰고 시도 써요. 대학원에서 시를 전공했거든요. 제가 하는 일이 모두 창작과 관련되다 보니 아이디어를 얻는 방법도 여러 가지 시도해 보았어요. 그중에서 제가 가장 좋아하는 방법은 저 자신을 '창작 모드'로 전환하는 거예요. 그림책을 쓰거나 새로운 작업을 시작할 때는 의도적으로 창작 모드로 전환해 창작자의 시선으로 보고, 창작자의 머리로 생각하려고 해요.

[편] 그건 어떻게 하는 건가요?

[이] 저는 이것을 모드 전환이라고 표현하는데요. 창작하려면 일상적인 일들로 꽉 찬 머릿속을 작가의 감각으로 전환할 필

요가 있어요. 저는 그걸 '낚시를 던지는 시간'이라고 말해요. 창작 모드로 전환하면 평소에 그냥 지나치던 장면도 다르게 보이죠. 예를 들어, 제가 횡단보도를 건널 때 보통은 아무 생각 없이 습관적으로 건너는데, 모드가 전환되면 횡단보도를 보고 '피아노 건반처럼 보인다'라거나, 벽에 걸린 시계를 보며 '시계가 숨을 쉬는 것 같다'라는 식으로 생각해요. 제가 시인 이라는 감각, 동화 작가라는 시선을 가지게 되면 세상 모든 것이 언어와 이미지로 다가와요.

편 컴퓨터처럼 모드 전환을 하는 게 쉽지는 않을 것 같아요.

이 그렇죠. 스위치를 껐다 켜듯이 한순간에 되는 일은 아니에요. 모드 전환이 필요할 때 저는 일단 비우는 것부터 시작해요. 머릿속이 일이나 마감으로 가득 차 있으면 아무리 좋아 보이는 책이나 그림도 창작의 시선에 걸리지 않거든요. 그래서 의도적으로 시간을 비워서, 영화 두 편을 본다든가, 전혀 새로운 장르의 책을 읽는다든가 해요. 예를 들어, 동화를 쓰고 싶을 때는 동화책만 보는 게 아니라, SF 소설이나 시, 철학책 같은 다른 장르를 보며 우연히 무언가가 낚이길 기다리는 거죠. 여기서 중요한 건 제가 그걸 받아들일 준비가 되어 있어야 한다는 거예요. 낚시는 미끼만 던진다고 바로 물고기가 잡히는 게 아니잖아요. 창작도 마찬가지예요. 바로 떠오르지 않더라도, 작가로서의 감각과 안테나를 켜두는 상태가 먼저 필요해요. 그래서 저는 어떤 아이디어가 필요할 때, 억지로 짜내기보다는 먼저 일상을 비워놓고 스스로 감각이 작동하도록 환경을 만들어 주는 편이에요. 이런 방식은 창작을 오랫동안 지속할 수 있게 도와주고, 막막할 때도 다시 감각을 되살릴 수 있게 해줘요. 작가마다 다르겠지만, 저에게 아이디어란 '만들어내는 것'이 아니라, '잡아채는 것'에 가까운 작업이에요.

편 아이디어를 낚기 위해 먼저 비우고 기다리신다는 말씀이군요. 이런 방법을 찾기까지 시행착오도 있었을 것 같아요.

이 사실 저는 책을 좋아해서 평소에도 많이 읽는 편이에요. 한때는 아이디어를 얻으려고 일부러 매일 오전에 영화를 두 편씩 보자고 결심하고 실행했던 적도 있고, 책을 얼마나 읽는다는 목표를 세우기도 했어요. 목표를 세웠을 때는 처음엔 굉장히 설렜죠. '이제부터 내 오전은 영화 보는 시간이다!'라고 생각하니까 작가로서 새로운 루틴을 만든 것 같고, 뭔가 멋진 일이 벌어질 것 같았어요. 그런데 오래가지는 않더라고요. 딱 한 달쯤 지나니까 그 시간이 정말 지옥처럼 느껴지기 시작했어요. 아침에 일어나서 영화를 트는 순간부터 '아, 또 이걸 봐야 해?'라는 생각이 드는 거예요. 처음엔 창작을 위한 투자라고 생각했지만, 계속 억지로 보니까 너무 지겹고, 영화 자체가 싫어졌을 정도예요.

편 그런 시간을 통해 얻은 것도 있었나요?

이 좀 힘들기도 했지만, 확실히 감각이 열려 있고 안테나가 서 있는 상태에서는 전혀 예상하지 못한 곳에서 아이디어가 떠오르는 경험을 했어요. 한번은 어떤 주제를 생각하면서 아이디어를 얻을 만한 영화를 보았는데 성과가 없었어요. 그런데 엉뚱하게도 『학문은 즐거워』라는 책을 읽다가 '수학'이라는 단어 하나가 번쩍 떠오르면서 '이거다!' 싶은 아이디어가 나온 적도 있어요. 제가 기대한 경로는 A였는데, 아이디어는 Z에서 오는 식이랄까요. 그런 순간들이 분명 존재해요.

편 아이디어를 얻는 단계에서 여러 가지 시도를 하시는데,

본격적인 작업을 시작하면 아이디어 수집 방법도 달라지지 않나요?

이 네, 작업이 본격적으로 시작되면 그때는 더 이상 뭔가를 외부에서 얻어오려고 하지 않아요. 그 대신, 내 안에 이미 떠다니고 있는 기억이나 이미지의 파편들이 어떤 식으로든 붙잡히길 기대해요. 그게 꼭 무언가를 읽고 보지 않아도 자연스럽게 일어나는 감각이거든요. 초반에는 흡수하는 시간이라면, 작업에 들어가면 비워진 상태에서 떠오르기를 기다리는 시간이 되는 거죠.

편 작가님만의 독특한 방식을 고안하신 것 같아요.

이 아마도 많은 창작자들이 저와 비슷한 과정을 겪고 있다고 생각해요. 표현 방식이나 리듬의 차이일 뿐이지, 초반에는 감각을 깨우기 위한 외부 자극이 필요하고, 이후에는 내면의 감각을 믿고 끌어내는 흐름은 대부분 비슷하다고 봅니다. 아이디어라는 건 억지로 끌어내기보다는, 준비된 마음 위에 우연히 붙잡히는 순간에 가까운 것 같아요.

그림책 한 권을 창작하는 데
얼마나 걸리나요

편 글과 그림을 모두 작가님이 창작하는 데 시간은 얼마나 걸리나요?

이 그림책 한 권을 만드는 데 걸리는 시간은 작가마다 달라요. 어떤 작가는 작업 스타일이 빨라서 비교적 짧은 시간 안에 완성하기도 하지만, 어떤 작가는 아이디어를 구상하고 워밍업하는 데만도 꽤 오랜 시간이 걸리기도 합니다. 경제적으로 여유가 있는 작가들은 1, 2년에 한 권 정도를 준비하며 천천히 작품을 완성해 나갑니다. 반면 대부분의 작가는 인세만으로는 생계를 유지하기 어렵기 때문에, 한 가지 작업에만 집중하기 힘든 환경 속에서 여러 일을 병행해야 합니다. 제가 창작한 그림책 중에 창비에서 나온 〈무서운 이야기〉가 있어요. 이 책은 계약한 지 6년 만에 출간되었는데 실제로는 마지막 몇 개월 동안 몰아서 작업해 완성했어요. 외주 받은 일을 먼저 하느라 창작에 집중할 시간을 확보하지 못해서 좀 오래 걸렸어요. 계약은 몇 년 전에 했는데, 아직 창작하지 못한 책도 있고요. 그런데 창작은 구상하는 시간이 오래 걸리지, 실

무서운
이야기

제 글을 쓰고 그림을 그리는 작업은 몇 개월도 채 걸리지 않아요. 아이디어를 떠올리고 구상하는 시간에 따라 창작의 시간은 달라지는 것 같아요.

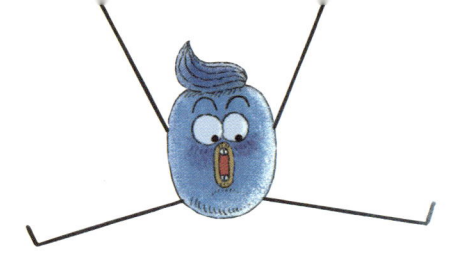

일러스트레이터가
되는 방법

어떤 자질을 갖춰야 할까요

편 일러스트레이터가 되려면 일단 그림을 그리고 싶은 마음이 있어야 할 것 같아요.

이 이 일은 당연히 그림을 좋아해야 하고, 그림을 그리고 싶어 해야 하죠. 그런데 막상 해보면, 단순히 그림을 좋아한다는 이유만으로는 계속 이어가기 어려울 때가 많아요. 일러스트레이터는 단지 예쁜 그림을 그리는 게 아니라, 글에 맞게 연출을 한다든가, 필요한 장면을 정확하게 스케치해야 해요. 보는 사람이 이해할 수 있도록 그림으로 표현하는 능력이 필요하죠. 그래서 다양한 재료를 쓸 줄 알고, 기본적인 드로잉 실력도 갖춰야 해요.

편 전하고자 하는 내용을 시각적으로 표현할 수 있는 기본적인 실력은 어떻게 갖출 수 있나요?

이 입시미술을 해본 아이들이 기본기가 있다는 평을 들어요. 입시를 준비하는 친구들은 정말 오랜 시간 동안 반복해서 다양한 소재와 형식을 그려보잖아요. 그 과정에서 자연스럽게 시각적인 감각, 형태에 대한 고민, 공간감 같은 것들이 몸에 배게 돼요. 그래서 누군가가 굳이 이론을 설명해 주지 않아도, 스스로 깨달아가면서 복합적인 기본기가 쌓이게 되는 것 같아요. 기본기라고 하면 흔히 사실적으로 똑같이 잘 그리는 능력을 떠올리기 쉬운데, 꼭 그렇지만은 않아요. 미술을 배울 때 실제 사물을 보고 최대한 정확히 따라 그리는 연습을 많이 하는데, 거기에 머물러서는 안 돼요. '이건 왜 이렇게 생겼을까?', '어떤 느낌을 담아낼까?'와 같은 질문을 하면서 내가 그리고 있는 것이 무엇이고, 어떤 느낌을 전달하고 있는지 생각하면서 그림 연습을 해야 해요.

편 기본 실력에서 한 단계 더 발전하려면 스스로 생각하는 힘을 길러야겠어요.

이 그렇죠. 잘 따라 그리는 것과 그림을 이해하고 그리는 것은 달라요. 그림은 단순히 그리는 기술이 아니라 이해와 감정, 생각이 담긴 표현이라는 걸 알아야 해요. 처음부터 완벽하게 그릴 수 없어도 괜찮지만, 꾸준히 많이 그리고, 많이 느끼면서 익히는 태도가 중요해요. 많이 보고, 많이 그리다 보면 그리는 양이 쌓이면서 감각이 생기고, 그 안에 자신만의 스타일도 생겨나는 거예요.

편 그림을 좋아하는 마음이 가장 중요하다고 하셨는데, 그림이 싫어지면 어떻게 하죠?

이 그림을 오랫동안 그리다 보면 '이제 재미없다', '그리기 싫다'라는 생각이 들 때가 꼭 와요. 특히 의뢰를 받아서 남이 원하는 걸 계속 그리다 보면 더 그럴 수 있어요. 하지만 이런 생각을 조금만 바꿔보면 달라져요. 예를 들어, '내가 좋아서 그림을 그리는 거야'에서 '내 그림을 누군가 좋아해 준다'로 무게 중심을 옮겨보는 거예요. 편집자나 디자이너가 내 그림을 좋아하고, 독자들이 보고 기뻐할 수 있다고 생각하면, 그림이 다시 재미있어질 수 있어요. 그런 공감과 소통이 이 일의 큰 매력이기도 해요. 그리고 슬럼프에 빠졌다면, 내가 왜 그림을 그리고 싶은지, 어떤 방식으로 사람들과 연결되고 싶은지를 생각해 보고, 그림을 오래 즐기기 위한 작은 동기를 계속 찾아가는 연습을 하는 거예요. 누군가를 기쁘게 하는 그림은 그리는 나도 기쁘게 만들 수 있거든요.

편 사람들과 소통하고 공감하는 것을 좋아하는 청소년이라면 이 일에 더 잘 맞을 수 있겠어요.

이 일러스트레이션은 자기 생각을 그림으로 표현하면서, 동시에 다른 사람들과 연결될 수 있는 방식의 예술이에요. 그런 점에서 단순한 그림이 아니라 이야기를 전하는 '비주얼커뮤니케이션'이라고 볼 수도 있어요. 이런 소통과 공감, 표현을 좋아하는 친구들이라면 이 일을 좋아할 것 같아요.

어떤 전공을 선택하면 도움이 될까요

편 대학에 진학할 때 어떤 전공을 선택하면 도움이 될까요?

이 일러스트레이터가 되기 위해 도움이 되는 대학의 학과는 다양하지만, 기본적으로 그림을 잘 그리고 시각적으로 메시지를 전달하는 능력을 키울 수 있는 전공들이 유리해요. 가장 대표적인 전공은 시각디자인학과로 이 학과에서는 일러스트레이션뿐 아니라 그래픽 디자인, 편집 디자인, 광고 디자인 등 다양한 시각 예술 분야를 배울 수 있어요.

편 순수미술을 전공하는 건 어떤가요?

이 회화과나 서양화과, 동양화과 같은 순수미술 계열 전공도 도움이 됩니다. 이들 학과에서는 그리는 기본기와 예술적인 표현력을 깊이 있게 익힐 수 있어서 예술적 감각이 중요한 그림책 작가, 예술 일러스트레이터에 관심이 있으면 배울 게 많아요. 반면, 애니메이션학과나 만화·웹툰 학과는 캐릭터 디자인이나 이야기 중심의 그림 작업을 배우기 때문에 스토리텔링과 캐릭터에 관심이 많은 사람에게 추천해요.

디지털 환경에서 작업하는 데 관심이 있다면, 미디어아트

학과나 영상디자인학과도 좋은 선택이 될 수 있어요. 이 학과들은 모션그래픽, 디지털 드로잉, 영상 콘텐츠 제작 등 새로운 매체와의 결합을 다루기 때문에, 다양한 디지털 플랫폼에서 활동하고자 하는 사람에게 도움이 됩니다. 실용적인 디자인에 관심 있는 사람은 산업디자인학과나 제품디자인학과에서 제품 패키지, 브랜드 굿즈, UX/UI 디자인 등을 배우는 것도 좋겠어요. 일러스트레이션을 기능적인 디자인과 접목해 활용하고자 할 때 유리하죠.

이 밖에도 웹디자인 관련 학과는 웹툰이나 SNS 콘텐츠용 일러스트레이션에 관심 있는 사람에게, 아동학이나 미술교육 전공은 어린이 그림책에 관심 있는 사람에게, 문화콘텐츠학과는 일러스트를 활용한 기획과 콘텐츠 개발에 흥미가 있는 사람에게 도움이 됩니다.

[편] 자신의 관심 분야와 배우고 싶은 것에 따라 다양한 선택지가 있는 것 같아요. 달리 말하면 어떤 전공을 선택하더라도 일러스트레이터가 되고 싶은 마음이 있다면 할 수 있다는 말로 들리는데요. 대학에 다니면서 어떤 것을 준비하면 좋을까요?

이 전공만큼이나 중요한 것이 바로 자신의 실력을 드러내는 포트폴리오입니다. 대학에서 어떤 과를 전공했느냐보다 실제로 얼마나 좋은 작업을 했는지가 더 중요할 수 있어요. 인턴 경험, 외주 작업, 공모전 참여 등 다양한 실무 경험을 쌓는 것도 중요하고, 요즘에는 인스타그램이나 블로그 등 SNS를 통해 자신의 그림을 알리고 개인 브랜딩을 잘하면, 전공과 관

동시집 Cat

계없이 기회를 얻는 경우도 많아요. 전공은 방향을 잡는 데 도움이 되지만, 결국 중요한 건 본인의 그림 실력과 표현력이라는 점을 기억해 두세요.

순수미술과 응용미술의
장단점은 무엇인가요

편 예술 분야는 순수하게 예술성을 추구하느냐, 실용성이나 응용력을 발휘하느냐로 크게 나뉘는 것 같아요. 순수미술과 응용미술을 전공한 사람 사이에는 어떤 차이가 있을까요?

이 가장 큰 차이는 대학 시절 동안 반복적으로 받아온 '강조점'의 차이인 것 같아요. 순수미술 쪽은 교수들이 거의 4년 내내 강조하는 게 있어요. "이게 새로운 거냐?", "이게 네 안에서 나온 거냐?", "진짜 네가 하고 싶은 말이 이거냐?" 이런 질문들을 계속 받다 보면, 마치 예술은 반드시 새롭고, 개인적인 것이어야 한다는 식으로 강요받는 분위기가 있죠.

편 순수미술 쪽은 예술가로서의 자아 표현을 강조하는 분위기인가요?

이 맞아요. 예술적인 기질을 타고난 사람이 자신만의 예술을 추구한다면 더 바랄 것이 없겠죠. 하지만 다수의 학생에게는 예술가로서의 태도나 기질을 갖추도록 훈련받는 느낌이에요. 처음에는 그런 성향이 없어도, 교수들이 반복해서 말하는 "너만의 것을 표현하라"고 듣다 보면, 자신도 모르게 그 틀에 맞춰 생각하게 되고 나중엔 자연스럽게 그런 식의 창작을 하게 되더라고요. 교수들도 일부러 그런 것은 아니겠지만 우리 미술계에서 순수미술은 이래야 한다는 틀이 단단하게 있는 것 같아요.

편 응용미술, 예를 들어 디자인 전공은 어떤가요?

이 저처럼 응용미술을 전공한 경우엔, 오히려 반대예요. "이 거 사람들이 좋아하겠어?", "어디다 써?", "이건 예쁘니까 사람들이 좋아할 거야", 이런 말들을 4년 내내 들었죠. 응용미술은 의뢰받아 결과물을 만드는 거니까 판단의 시선이 의뢰인과 대중이 중심이 되는 거예요. 그래서 대중성과 실용성을 고려하는 훈련을 받는 것 같아요. 순수미술은 내면의 표현, 응용미술은 외부와의 소통에 초점이 맞춰져 있다고 보면 되겠어요.

편 그렇다면 졸업 후 진로에도 영향을 미치겠네요?

이 네, 실제로 그런 차이가 커요. 순수미술 전공자는 아무래도 작가로 나가는 경우가 많고, 응용미술 쪽은 디자인, 일러스트레이션, 광고 등 '의뢰 기반' 작업을 주로 하게 되죠. 물론 순수미술도 작가로 나가는 사람이 그렇게 많지는 않지만요.

전문적인 교육 기관에서
배우는 것은 어떤가요

편 일러스트레이션을 배울 수 있는 전문 학원이 꽤 많이 있
던데요. 이런 곳에서 배우는 것은 어떤가요?

이 대학을 가는 것도 하나의 방법이지만, 정말 빠르고 실질
적인 길을 원한다면 학원이 더 효율적일 수 있어요. 특히 일
러스트레이터로서 실력을 빨리 키우고, 작업을 계속하고 싶
다면요. 대학에서는 다양한 이론과 전반적인 예술 교육을 받
을 수 있지만, 그게 꼭 실무와 연결되지는 않거든요. 실제로
그림책 작가가 되고 싶어서 제가 운영하는 그림책 작가 수업
에 오는 사람 중에 미대 졸업자도 있어요. 그런데 보면, 졸업
작품으로 그림책을 만들긴 했지만, 실질적인 준비가 잘 안 돼
있는 경우가 많죠. 그 친구들한테 지도교수님 전공이 무엇이
냐고 물어보면, 그림책과는 전혀 관련 없는 분인 경우도 많아
요.

편 그럼 학원은 대학과 어떤 점이 다른가요?
이 학원은 실무 중심으로 교과 과정이 짜여있고, 일러스트

레이터로 활동해 온 현직 작가들이 직접 강의해요. 그러다 보니 아주 실질적인 노하우를 배울 수 있어요. 어떤 그림을 보고 '이 느낌은 도대체 어떻게 내는 걸까?' 싶은 게 있잖아요? 그런 게 사실은 아주 간단한 기법 하나 때문이기도 하거든요. 근데 그걸 공개 안 하면 모르는데, 학원에서는 그런 것까지 다 알려주니까 실력이 빠르게 느는 거예요.

기술적으로는 디지털 드로잉 중심의 수업이 대세예요. 아이패드의 프로크리에이트, 포토샵, 클립 스튜디오 같은 프로그램을 기본으로 다루고, 디지털 도구를 통해 어떻게 작업해야 하는지 실무 방식 그대로 가르쳐요. 특히 출판, 일러스트레이션, 캐릭터 디자인 등 다양한 분야에서 디지털 작업이 기본이 되면서, 이건 거의 필수 역량이 되었어요.

그림만 잘 그리는 것이 아니라 콘텐츠 산업의 흐름을 이해하는 것도 중요하다고 강조해요. 예를 들어 그림책을 만들기 위해서는 단순한 장면 묘사를 넘어서 스토리텔링 능력과 연출력이 있어야 하고, 웹툰은 컷 구성과 대사 배치 같은 감각까지 필요하죠. 그래서 학원에서는 출판사 피드백이나 공모전 정보, 실제 계약 절차에 관한 내용까지 알려주는 경우도 많아요.

또한, 실전 감각을 키우기 위해 마감 훈련도 중요하게 다뤄요. 실무에서는 정해진 시간 안에 결과물을 완성하는 것이 중요해서 학원에서도 일정 기간 안에 작업을 끝내는 훈련을 하도록 하고, 실제 프로젝트처럼 기획부터 완성까지 스스로 해보는 과정을 통해 프로다운 감각을 익히게 해요.

[편] 학원에서는 단순히 그림을 잘 그리는 것만을 목표로 하는 건 아니네요?

[이] 실무 중심의 교육이 핵심이 되고 있어요. 가장 중요한 건 자신만의 포트폴리오를 만드는 일이에요. 인스타그램이나 포트폴리오 사이트를 통해 작가로서 자신을 보여줄 수 있는 시대이기 때문에, 보는 순간 '이 작가 그림이구나'라고 느껴지는 화풍이 필요해요. 하지만 동시에 다양한 그림 스타일도 시도해 보도록 장려해서, 유연한 표현력을 기를 수 있도록 해요. 이렇게 어떤 그림을 그릴 수 있는지 보여주는 것도 중요하지만, 그보다 더 중요한 건 '어떤 분야에 어울리는 작가인지'를 드러내는 포트폴리오를 구성하는 능력이에요. 그래서 학원에서는 그림책, 출판 일러스트, 캐릭터 디자인, 게임 원화, 웹툰 등 자신이 가고 싶은 방향에 맞춰서 포트폴리오를 만들 수

있도록 지도해줘요.

　일부 학원에서는 SNS 활용이나 개인 브랜딩 수업도 진행하고 있어요. 이제는 그림만 잘 그리는 것으로는 부족하고, 자신을 어떻게 알릴 것인지, 팬들과 어떻게 소통할 것인지도 작가로서 중요한 능력이 되었어요. 그래서 작업 과정을 공유하거나 감성적인 글을 덧붙이고, 자신만의 브랜드를 만들어가는 방식까지 배우게 되죠.

편　학원에 다니면 또 어떤 장점이 있을까요?

이　일러스트레이터에게 가장 중요한 건 자기 작품이 노출되는 거예요. 아무리 그림을 잘 그려도 아무도 모르면 기회가 안 오죠. 요즘은 인스타그램 같은 SNS도 있지만, 학원에서도 이 부분을 꽤 신경 써줘요. 졸업할 때 대학에서 졸업전시회를 여는 것처럼 전시회를 열고, 출판사나 편집자들을 초청해서 포트폴리오를 직접 소개하는 기회를 마련해주기도 하죠. 미술 전공자로서 폭넓은 경험을 쌓고 싶거나, 시간이 좀 더 있는 사람이라면 대학도 좋은 선택이에요. 다만 일러스트레이션이라는 특정 분야에 바로 들어가서 실력을 쌓고, 업계에 진입하고 싶다면 학원이 더 빠르고 실용적일 수 있어요.

자신을 알리고 작품을 노출하는
방법은 어떤 것이 있나요

편 앞에서 일러스트레이터는 자신을 세상에 알리는 것이 중요하다고 하셨어요. 그 말은 노출이 일거리와 연관이 있다는 뜻인가요?

이 맞아요. 노출이 곧 일로 이어지는 것은 예나 지금이나 마찬가지예요. 25년 전 제가 이 일을 시작했을 때는 블로그나 인스타그램과 같이 세상과 소통하는 매체가 다양하지 않았어요. 그땐 다음에 카페가 처음 생기던 시기였는데, 그 안에 지금처럼 그림을 올리는 시스템이 잘 갖춰져 있지는 않았어요. 그래서 저는 HTML 태그를 직접 써서 이미지 링크를 걸고, 제 그림만 쭉 볼 수 있는 페이지를 만들었죠. 게시판도 아니고, 진짜 그냥 한 페이지에 그림만 줄줄이 나오는 식이었어요.

편 그게 효과가 있었나요?

이 신기하게도 그걸 보고 어디선가 연락이 왔고, 그렇게 일이 들어오기 시작했어요. 지금 생각하면 되게 단순한 방식이었는데도, 필요한 사람들은 그런 걸 보고서라도 작가를 찾아내더라고요. 요즘은 정말 매체가 다양해졌죠. 인스타그램이 대표적인데, 팔로워 수가 많으면 출판사나 브랜드 쪽에서 먼저 연락을 하기도 해요. 저도 가끔 인스타그램에서 그림 보고 연락했다는 이야기를 듣기도 해요.

　요즘 젊은 일러스트레이터 중에는 SNS, 특히 인스타그램 같은 플랫폼을 기반으로 활동하는 사람들이 꽤 있어요. 과거에는 출판사를 중심으로 의뢰를 받아 그림을 그리거나, 공모전이나 전시를 통해 작가로 성장하는 방식이 일반적이었다면, 지금은 자신의 콘텐츠를 직접 만들어 공개하고, 팔로워와 팬을 통해 영향력을 키우는 방식이 자리 잡고 있어요.

편 SNS에 올린 창작 작품이 책으로 출판되는 경우도 있나요?

이 있죠. 출판사 편집자들이 직접 팔로워가 많은 일러스트레이터를 찾아가 만나고, 글이 조금 미흡하더라도 SNS 영향력을 고려해 책 출간을 제안하는 경우가 많아졌어요. 과거에는 완성된 원고를 출판사에 투고하는 방식이 일반적이었다면, 지금은 플랫폼에서 이미 검증된 인기를 바탕으로 먼저 출판 제안이 들어오는 시대가 된 것이죠. 이런 현상은 단순히 SNS 작가가 유명해지는 차원을 넘어, 출판시장과 일러스트레이션 산업 구조 자체를 바꾸고 있는 흐름이라고 볼 수 있어요. SNS 작가들이 가진 즉각적인 소통력, 실시간 피드백, 충성도 높은 팬층은 기존 출판마케팅과는 전혀 다른 강점을 지니고 있어요. 이들은 책을 출간하기 전부터 일정 수준의 독자층을 확보하고 있기 때문에, 출판사로서도 판매 가능성이 높은 매력적인 파트너로 인식되는 거죠.

또한, 그림책 시장도 이런 흐름에 영향을 받고 있어요. 기존에는 스토리텔링 중심의 정통 그림책 작가들이 중심이었지만, 요즘에는 SNS 기반 작가들이 책을 내면서 그림책의 형식자체가 달라지기도 해요. 꼭 기승전결의 이야기 구조를 따르기보다는, 감성적인 장면 나열이나 짧은 글귀로 구성된 감각적인 책들이 많아졌고, 그것이 새로운 독자층을 형성하고 있어요.

편 일러스트레이터들이 많이 활동하는 플랫폼도 있나요?
이 '산그림'이라는 사이트가 있어요. 들어가 보면 알겠지만, 정말 많은 일러스트레이터들이 자기 포트폴리오를 올려두고 있어요. 출판사나 디자인 기획실, 광고 회사 같은 데서 신인 작가를 찾을 때 많이 참고하는 곳이죠. 저도 가끔 산그림을 통해 연락을 받을 때가 있고, 특히 신인 작가들은 산그림에 올려놓은 작품을 통해 일이 들어오는 경우가 꽤 많아요. 일종의 작가 DB 같은 느낌이에요.

블로그, 포트폴리오 웹사이트, 브런치 같은 콘텐츠 플랫폼도 있고, 'Behance' 같은 해외 기반 플랫폼을 활용하는 작가들도 있어요. 사이트마다 특성이 조금 다른데, 자기 작업 스타일에 따라 맞는 플랫폼을 선택해서 꾸준히 노출하는 게 중요해요.

편 온라인 활동이 중요해질수록 오프라인에서 하는 활동 비중은 줄어들게 되나요?

이 그건 아니에요. 오프라인 전시도 여전히 유효해요. 졸업전시나 개인전, 그룹전을 통해 포트폴리오를 노출하고 인연을 만드는 거죠. 실제로 학원 졸업 과정에서 출판사나 편집자를 초대해서 전시를 열고, 피드백을 받게 하거나 바로 계약으로 이어지기도 하거든요. 또 '서울일러스트페어' 같은 행사도 큰 영향을 미치고 있어요. 이곳은 단지 일러스트레이션 전시회가 아니라, 작가들이 직접 만든 상품과 캐릭터, 굿즈, 그림책 등을 팬들에게 소개하고 판매하는 플랫폼으로 기능해요. 이 역시 SNS에서 활동하던 작가들이 오프라인에서 팬들과 만나는 중요한 접점이 되고, 또 다른 방식의 성공 루트로 자리 잡고 있어요. 그리고 여전히 가장 큰 노출 매체는 책인 것 같아요. 대부분의 출판사나 기획사에서는 출간된 책 또는 결과물을 보고 작가를 섭외하는 경우가 가장 많다고 알고 있어요.

편 결국 핵심은 노출이네요.

이 맞아요. 아무리 그림을 잘 그려도, 아무도 그걸 모르고 못 보면 일이 들어오질 않아요. 그림 잘 그리는 사람은 정말 많거든요. 그런데 눈에 띄는 사람은 따로 있어요. 그게 SNS일 수도 있고, 산그림일 수도 있고, 오프라인 전시일 수도 있고, 출간한 책일 수도 있고, 아니면 아주 독특한 자기만의 방식일 수도 있죠. 결국 중요한 건 '내 작업을 어떻게 보여줄 것인가'예요. 그리고 요즘엔 작가가 단순히 그림만 잘 그려서는 경쟁력이 부족해요. 기획력이나 텍스트에 대한 이해력, 자기 세계관을 말할 수 있는 힘도 중요해졌어요. 브랜드처럼 자신을 차별화할 줄 아는 감각이 필요하죠.

편 이제 막 시작하는 일러스트레이터에게 조언을 해주신다
면요?

이 처음부터 완벽할 필요는 없어요. 다만, 꾸준히 작업하고,
계속해서 보여줘야 해요. SNS든 포트폴리오 사이트든, 작업
을 멈추지 않고 업로드하면서 자기만의 색깔을 찾아가는 과
정이 정말 중요해요. 일은 생각보다 다양한 경로로 들어오기
때문에 언제 어디서 기회가 올지 몰라요. 노출, 꾸준함, 그리
고 자기를 잘 보여주는 감각. 이 세 가지가 일러스트레이터로
일거리를 찾는 데 가장 중요한 요소인 것 같아요.

일러스트레이터에게 필요한
소양은 무엇인가요

편 일러스트레이터는 모두 프리랜서로 일하는데요. 일할 때 어떤 소양이 가장 중요하다고 생각하세요?

이 단연 자기 관리 능력이에요. 이건 정말 기본 중의 기본이라고 생각해요. 프리랜서는 정해진 출근 시간이 없고, 누가 일정을 관리해 주는 것도 아니잖아요. 그래서 스스로 일정을 짜고, 작업 시간과 휴식 시간을 조율할 수 있어야 해요. 일이 많아도 스트레스고, 일이 없어도 불안하고… 항상 그 중간 어딘가에서 균형을 잡아야 하거든요. 저 같은 경우는 오래전부터 매일 운동을 생활화하고 있어요. 헬스장에서 근육 운동은 하지 않더라도 체력 관리를 꼭 하려고 해요. 이게 단순히 건강 때문이 아니라, 저는 체력도 실력의 일부라고 생각하거든요. 꾸준히 오래 일하기 위해선 에너지가 필요하니까요.

편 시간 관리는 어떻게 하세요? 작업 루틴이 따로 있으신가요?

이 저는 가능한 규칙적인 루틴을 유지하려고 노력해요. 예를 들어 오전엔 드로잉이나 러프 작업 같은 창의적인 일을 하고, 오후엔 수정이나 이메일 답변 같은 실무를 처리하는 식이에요. 마감이 겹치면 밤을 새우기도 하지만, 그런 상황을 최대한 줄이려고 애쓰죠. 가장 중요한 건 자기에게 맞는 루틴을 만드는 것 같아요. 무조건 아침형 인간이 되라는 게 아니라, 본인이 집중 잘 되는 시간대를 파악해서 그에 맞게 일정을 짜는 거예요.

편 마감 시간을 지키는 것도 중요할 것 같아요.

이 맞아요. 아무리 그림을 잘 그려도 마감을 못 지키면 다음 일이 안 들어와요. 실력도 중요하지만, '함께 일하기 좋은 사람'이 되는 게 프리랜서에겐 더 중요할 수 있어요. 그리고 일러스트레이터는 순수 화가와는 달라요. 클라이언트의 요청을 이해하고, 기획 의도를 시각적으로 풀어내는 사람이죠. 그래서 공감력과 소통 능력이 정말 중요해요. 일방적인 예술이 아니라 협업이니까요. 책임감은 기본이에요. 누군가와 약속했으면, 결과가 어떻든 끝까지 해내야 해요. 힘들더라도 도망가지 않고 마무리하는 습관이 중요하죠. 그리고 당연히 안 되는 시기도 있고, 슬럼프도 오는데, 그럴 때도 너무 자책하거나 조급해하지 않았으면 좋겠어요.

편 무슨 일을 하든 책임감은 중요하지만, 프리랜서이기 때문에 자기 관리 차원에서 더 중요한 것 같아요.

이 프리랜서는 자유로워 보여도 사실 매우 자율적인 훈련이 필요한 직업이에요. 일을 스스로 찾아야 하고, 스스로 유지해야 하니까요. 그래서 자기 자신을 잘 다스릴 수 있는 습관, 특히 '지속 가능한 루틴'을 만들어 놓는 게 중요해요. 그리고 혼자서 모든 걸 잘하려고 하지 않아도 괜찮아요. 자신에게 부족한 부분은 협업이나 외주를 주어 보완할 수도 있고, 스스로 익히고 싶으면 시간을 두고 하나씩 배워나가면 돼요. 중요한 건 계속해서 작업을 멈추지 않는 것, 그리고 성실하게, 예의 있게 사람들과 관계를 맺는 것이에요. 그런 태도가 결국 실력 못지않게 여러분을 오래가게 만들어 줄 거예요.

일러스트레이터가
되면

독특한 화풍, 다양한 화풍 중
어떤 게 더 좋을까요

편 작가님의 그림을 보면 그림책 〈무서운 이야기〉처럼 어두운 것도 있고, 어떤 건 만화풍으로 가볍기도 하던데, 그림 스타일이 작품마다 다른가요?

이 네, 일부러 다양한 그림 스타일을 시도하고 있어요. 물론 시간이 지나면서 제 그림에도 어느 정도 '저만의 느낌'이 생기긴 했지만, 그림책마다 분위기나 이야기가 달라서 그에 어울리는 그림을 찾아가는 편이에요.

편 자기만의 화풍이 있는 것이 좋을까요, 아니면 다채롭게 변화할 수 있는 것이 좋을까요?

이 이 질문은 정말 자주 받아요. 수업할 때도 수강생들이 "선생님, 그림 스타일이 확실한 게 좋나요? 아니면 여러 가지를 시도해도 되나요?" 이런 질문을 많이 해요. 근데 정답은 없어요. 작가마다 추구하는 방향이 다르거든요.

저는 다양한 스타일을 쓰는 편이에요. 생계형 작가로 여러 작업을 하다 보니, 자연스럽게 다양한 재료와 표현 방식을 시도하게 되었어요. 그림책 작가로서도 다양한 스타일이 더 유리하다고 생각해요. 왜냐하면 이야기에 따라 어울리는 그림 분위기가 다르기 때문이에요.

편 그림이 다양하다는 건 재료도, 그림 스타일도 다 다르게 사용한다는 의미인가요?

이 다양하다는 건 재료와 화풍을 모두 포함한 거예요. 그림의 재료에 따라 표현의 영역이 달라지고 변화가 생기잖아요. 어떤 그림을 그려야겠다는 생각이 들면 아크릴, 오일 파스텔, 수채화, 색연필, 파스텔 등 그때그때 필요한 재료를 꺼내 써요. 가벼운 느낌이 필요할 땐 색연필이나 수채화를 쓰고, 무게감 있게 표현하고 싶을 땐 오일 파스텔이나 아크릴을 쓰죠. 여러 재료를 섞어 쓰는 경우도 많고요. 저는 손으로 다양한 재료를 직접 써보는 게 훨씬 더 풍부한 그림을 만들 수 있다고 생각해요.

그리고 꼭 하나의 스타일에 갇히지 않아도 돼요. 중요한 건 이야기와 잘 어울리는 그림을 그리는 거예요. 그림책은 그림과 글이 함께 감정을 전달해야 하니까요. 다양한 표현을 시도해 보는 것도 큰 장점이 될 수 있어요.

창작은 어떤 과정을 통해
이루어지나요

편 작가님의 창작 과정이 궁금해요. 창작의 시작점은 무엇인가요?

이 어떤 장면이 머릿속에 딱 떠오르면서 '이걸 그림책으로 만들어야겠다'라는 생각이 드는 것도 있고, 반대로 이야기나 아이디어가 먼저 떠오르는 것도 있어요. 작품마다 시작 방식이 조금씩 달라요. 또 작업 방식도 작가마다 다른데요. 어떤 작가는 전체 줄거리(얼개)를 완벽하게 짠 뒤에야 본격적으로 작업을 시작해요. 반면 저는 줄거리를 거의 안 쓰는 편이에요. '이거 재밌겠다!' 싶은 마음이 들면 그냥 바로 쓰기 시작해요. 그림도 마찬가지예요. 밤에 '이렇게 그리면 멋질 것 같아!'하고 생각했는데, 막상 그려보면 전혀 다르게 나올 때도 있거든요. 그럴 때는 실망스럽긴 하지만 계속 그리면서 고쳐요. 그림도 글도 결국 '하면서' 만들어지는 게 많아요. 처음부터 완벽하게 나오는 건 거의 없고, 계속 시도하고 피드백 받으면서 만들어지는 거죠. 어떤 작품은 그림만 먼저 다 그려놓고 작업을 해요. 그런 다음 나중에 글을 붙이는 거예요. 장면 순서를 바꿔보기도 해요. 되게 직관적으로 끌고 가는 거죠. 반대로 이야기는 잘 나왔는데 그림의 콘셉트가 안 잡혀서 한참 고민하는 때도 있어요. 또 어떤 작품은 글과 그림이 동시에 술술 잘 나올 때도 있고요. 그러니까 창작 방식은 작품마다 정말 달라서 그림이 먼저일 수도 있고, 이야기가 먼저일 수도 있어요. 그때그때 느낌이나 상황에 따라 달라지죠. 중요한 건 '직접 해보면서' 만들어간다는 거예요. 창작은 우연처럼 찾아오는 순간과 꾸준한 실행이 만나서 이루어지는 거예요.

기린의 날개

디지털 기기 활용 능력도
필요한가요

편 작가님 작업실에는 수채물감, 유화물감, 파스텔, 색연필, 사인펜, 크레용 등등 그림 그리는 도구가 참 다양하게 갖춰져 있어서 한눈에 봐도 그림 작업실인 것을 알 수 있었어요. 그런데 요즘엔 이런 전통적인 방식이 아니라 디지털 기기를 활용해서만 그림을 그리는 사람들이 꽤 많다고 들었어요. 실제로는 어떤가요?

이 요즘은 일러스트레이션을 창작할 때 디지털 기기를 활용하는 것은 필수 조건에 가까워요. 과거에는 손으로 그리는 작업만으로도 충분했지만, 현재 출판사나 편집자들은 디지털 작업을 기본 전제로 일러스트레이션을 의뢰하는 경우가 많기 때문이에요. 예를 들어, 작업할 때 '인물, 배경, 소품 등을 각각 다른 레이어로 나눠서 그려 달라'고 요청하는 때도 꽤 많아요. 편집하는 과정에서 인물만 따로 떼어 다른 지면에 쓰거나, 인물의 위치를 살짝 바꾸거나, 배경색을 수정하고 싶을 때, 굳이 작가에게 다시 수정을 요청하지 않고 출판사 쪽에서 직접 조정할 수 있게 하기 위해서지요.

작업실 풍경

편 그림을 그릴 때 디지털 도구만 사용하는 사람들도 많은 가요?

이 일러스트레이터들은 대부분 디지털 도구를 적극적으로 활용하고 있어요. 예전처럼 물감이나 펜만 사용하는 것이 아니라, iPad나 컴퓨터 프로그램을 이용해 작업하는 방식이 점점 보편화되고 있죠. 많은 작가가 iPad와 Procreate 같은 앱을 통해 드로잉을 시작하고, 손으로 그린 느낌을 살린 텍스처를 적용해 보다 정밀하고 세련된 이미지를 만들어내요. 이 도구는 실제 붓처럼 섬세한 표현이 가능하고, 다양한 브러시와 색상 조합을 즉각적으로 실험할 수 있어 창작 과정이 효율적이고 유연해지는 편리한 점이 있어요.

편 하지만 디지털 기기로는 만족스럽게 표현되지 않는 작업도 있지 않나요?

이 그렇죠. 디지털 기술로 표현하기 어려운 질감이나 감성을 위해, 전통적인 수작업 기법과 디지털 작업을 혼합하는 때도 많아요. 예를 들어, 수채화나 콜라주처럼 아날로그 방식으로 먼저 그림을 그리고, 그것을 스캔한 후 컴퓨터로 보정하거나 마무리 작업을 하는 거예요. 이처럼 수작업과 디지털 작업을 결합한 하이브리드 방식은 작가가 원하는 질감과 분위기를 살리면서도 수정과 편집이 자유로운 디지털의 장점이 합쳐져 있어요. 그래서 요즘 대학과 학원에서는 아이패드로 스케치하고, 그 위에 수작업을 입히는 과정을 가르치는 수업도 있어요.

<img> 기존에 활동하던 일러스트레이터 중에는 디지털 기기로 그림을 그리는 일이 익숙하지 않은 사람들도 있을 것 같아요.

<img> 그런 사람들도 꽤 있어요. 특히 전통 회화 방식에 익숙한 작가 중에는 디지털 기기를 거의 사용하지 못하는 사람도 있는데, 이런 경우 디지털 작업을 전제로 한 의뢰를 아예 받지 못하거나, 일감이 줄어드는 일도 실제로 일어나고 있어요. 지금의 일러스트레이터에게는 단지 그림을 잘 그리는 것뿐 아니라, 디지털 작업 환경에 적응하고, 기본적인 레이어 구성이나 파일 관리 능력을 갖추는 것이 점점 더 중요해지고 있어요.

디지털 기기를 활용하는 장점은 또 뭐가 있을까요?

기술을 활용해 표현력과 창의력을 높일 수 있어요. 수작업으로 그림을 그릴 때는 새로운 시도를 하려면 버려지는 그림도 많고 시간도 오래 걸렸어요. 반면에 디지털 기기는 여러 가지 실험을 마음껏 할 수 있어요. 실패에 대한 두려움, 실험에 대한 부담이 적지요. 또 전에는 몰라서, 과정이 복잡해서 시도하지 않았던 것을 해볼 수도 있어요. 예를 들어 애플의 Procreate Dreams 같은 앱을 이용하면 그림을 그리는 것뿐 아니라 간단한 애니메이션까지 만들 수 있고, 움직이는 그림책도 만들어 볼 수 있어요. 또한 Adobe Fresco와 같은 앱에서는 AI 기반 기능이 도입되어 색상 추천, 브러시 자동화, 레이아웃 보정 등 작업을 더 빠르고 정교하게 만드는 데 도움이 되지요. 그래서 지금은 아날로그와 디지털, 손과 기계가 함께 작업하는 시대가 된 것 같아요.

일러스트레이션도 트렌드가 있나요

편 세상의 모든 것이 변하듯이 일러스트레이션도 시대에 따라 변화가 있을 것 같아요. 어떤가요?

이 그림도 시대의 흐름에 따라 소비되고, 유행도 바뀌고, 사람들이 좋아하는 스타일도 계속 변해요. 예전에는 '나는 직장인이 아니니까 정년도 없고, 퇴직도 없고, 시간이 지날수록 그림이 더 익고 깊어지겠지. 그러면 20년쯤 뒤에는 지금보다 훨씬 더 좋은 그림을 그리고, 더 좋은 작업을 할 수 있겠지'라는 기대를 했어요. 시간이 지나고 경험이 쌓일수록 더 좋은 그림을 그리며 발전할 것이라는 기대였죠. 그런데 꼭 그렇지만은 않더라고요. 시간이 흐르면서 저뿐 아니라 많은 선배 작가들이 '올드하다'라는 이야기를 듣게 되는 걸 보면서 알게 되었죠. 그림 실력이 좋아졌다고 해도, 지금 시대와 맞지 않으면 사람들이 관심을 덜 가지게 되고, 결국 일도 줄어들 수 있어요. 문화는 끊임없이 소비되고, 새로운 것을 자꾸 요구하니까요.

편 그림책도 유행이나 트렌드 같은 게 있나요?

이 네, 있어요. 최근에는 이지은 작가처럼 만화풍의 감각적인 그림 스타일이 인기를 끌고 있어요. 그래서 출판사들도 그런 스타일의 책을 많이 내고 있지요. 한 작가가 크게 주목받으면 비슷한 스타일의 그림이 시장에 쏟아지기도 해요. 하지만 유행을 따르는 그림들이 너무 많아지면, 오히려 금방 물리기도 해요. 아무리 인기 있는 스타일이라도 시간이 지나면 대중의 관심이 금방 옮겨갈 수 있어요.

편 유행을 따르지 않고 자신만의 스타일을 고수하는 건 어떤가요?

이 한 가지 스타일을 고수하는 것도 좋은 일만은 아니에요. 제가 아는 어떤 작가님은 굉장히 멋지고 깊이 있는 그림을 그리세요. 그런데 같은 스타일의 그림을 계속 보여주니까 독자로서는 '이미 본 느낌'이라 새로움을 느끼지 못하더라고요. 아무리 실력이 뛰어나도 신선한 느낌이 없으니, 매력이 줄어들 수밖에 없죠. 시대에 따라 그림책의 분위기나 독자들의 취향이 바뀌기 때문에, 작가도 변화에 민감해야 해요. 오래도록 독자의 사랑을 받는 작가들을 보면 감각적으로 트렌드를 잘 읽고, 필요할 때 자기 스타일을 유연하게 확장하거나 변화를 시도하더라고요.

편 그림의 스타일을 바꾼다는 게 쉬운 일은 아닐 것 같아요.

이 쉽지 않죠. 이런 스타일은 좀 식상하니까 바꿔야겠다고 마음먹는 건 쉬운데, 실제로 그림 스타일을 바꾸는 건 정말 어려운 일이에요. 그래서 어떤 작가는 그걸 알면서도 극복을 못 해 힘들어지기도 하고, 어떤 작가는 잘 적응해서 또 다른 전성기를 맞이하기도 해요. 사실 운도 좀 따른다고 봐요. 어떤 작가의 스타일은 유행을 덜 타고 꾸준히 사랑받기도 하고, 마침 따라 하는 사람이 많지 않아서 오래 지속되기도 하죠. 결국 중요한 건 감각과 유연함이에요. 자신만의 색깔을 지키되, 시대의 흐름을 외면하지 않는 작가가 오랫동안 사랑받는 것 같아요.

편 시대의 변화 속에서 어떻게 대응하는 것이 도움이 될까요?

이 시대의 흐름을 무시하지 않고, 계속해서 변화에 귀를 기울이고, 새롭게 시도하려는 태도가 필요해요. 자신만의 스타일을 지키면서도, 지금 사람들이 어떤 걸 좋아하는지, 어떤 방식으로 소통하는지를 파악하고 맞춰야 해요. 단순히 '내가 좋아하는 그림만 그릴 거야'보다는, 변화에 열린 마음을 가지고 '사람들이 지금 어떤 그림을 보고 싶어 하는가'를 느낄 수 있는 감각이 필요해요. 시대 흐름과 사람들의 반응을 살피는 눈도 함께 키우면 좋겠어요. 실력이 있다고 인정받는 것도 아니고, 시간이 흐른다고 자연스럽게 좋아지는 게 아니에요. 무엇보다 중요한 것은 계속 시도하고 도전하는 용기입니다.

괴수백과사전 스케치

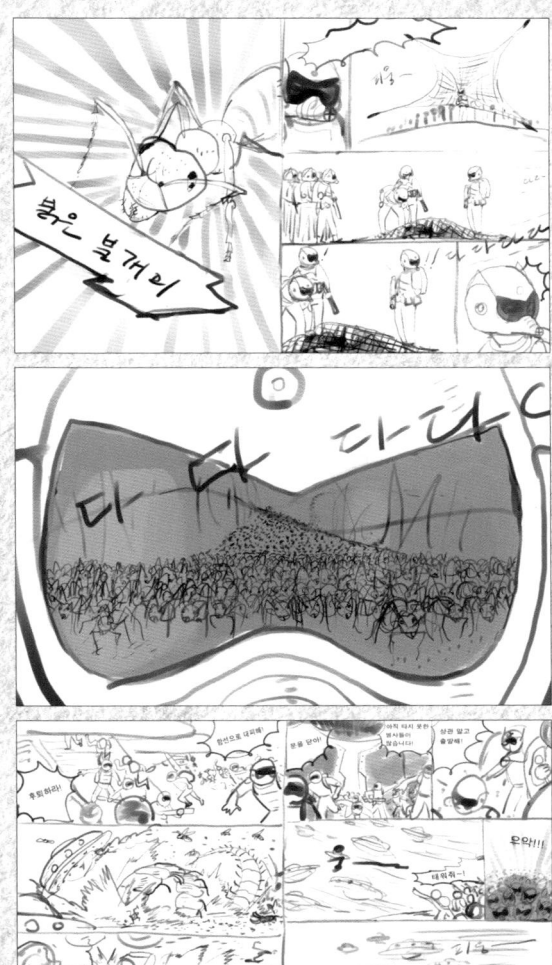

작업실이 있어야 하나요

[편] 작가님은 작업실이 따로 있는데, 다른 분들도 작업실을 따로 두시나요?

[이] 꼭 그렇지는 않아요. 집에서 작업하시는 분들도 많아요. 실제로 작업실을 꼭 둬야 하는지, 집에서 해도 괜찮은지 하는 질문을 많이 받아요. 그런데 이건 사실 각자의 생활 방식과 형편에 따라 선택하면 되는 문제라고 생각해요.

저는 개인적으로 작업 공간을 집과 분리하는 걸 추천하는 쪽이에요. 물론 약간의 여유가 있을 때 이야기지만요. 그 이유는 간단해요. 집에서 작업을 하다 보면, 일과 삶의 경계가 흐려지기 때문이에요. 제가 예전에 집에서 작업하던 시절이 있었거든요. 그러면 누워서도 계속 '아, 이거 더 해야 하나?', '지금 해? 말아?' 하면서 머릿속에서 일이 떠나지 않아요. 일과 휴식이 구분되지 않고 바로 일어만 나면 작업할 수 있는 환경이다 보니까 쉬는 것도 쉬는 게 아니에요. 몸이 오히려 더 피곤해지더라고요. 작업실이 따로 있으면 자연스럽게 일과 휴식이 분리돼요. 작업실에서 일하다 퇴근하듯이 집에 가요. 집에는 재료도 없고, 도구도 없어서 일부러 일할 수 없는 환경을 만들어 놨어요. 그러다 보니 집에서는 오롯이 쉬는 시간을 갖게 되고, 몸과 마음이 좀 내려놓을 수 있는 상태가 되더라고요.

편 일과 휴식의 분리는 프리랜서에게 굉장히 중요한 문제죠.
이 또 다른 장점은 물리적인 움직임 자체가 생긴다는 거예요. 집에 하루 종일 있다 보면 진짜 몸을 거의 안 쓰게 되잖아요. 그런데 작업실이 있으면 밖으로 나와야 하고, 이동도 하고, 생활의 리듬이 생겨요. 그런 게 전반적으로 생활의 에너지를 바꿔주는 데도 큰 도움이 되죠.

편 다른 분들은 어떤가요?
이 집에서 일하는 게 좋다는 사람들도 있어요. 중요한 건 '어떤 공간이 나에게 잘 맞는가'를 계속 탐색해 보는 거예요. 작업실이 있다고 무조건 집중이 잘 되는 것도 아니고, 집이라고 해서 다 불리한 것도 아니에요. 하지만 한 가지 확실한 건, 공간이 나에게 주는 에너지와 리듬이 분명히 있다는 거예요. 작업 공간을 통해 삶의 질이 달라질 수 있어요. 처음엔 집에서 시작해도 괜찮아요. 실제로 공간보다 더 중요한 건 루틴과 자기 관리예요. 다만 어느 정도 일정이 생기고, 작업량도 늘어나고, 집과 일의 경계를 좀 나누고 싶다는 생각이 들면 그때 작업실을 고려해 보는 것도 좋아요. 꼭 비싼 곳일 필요도 없고, 공유 작업실이나 소규모 공간부터 시작해도 충분하거든요. 다른 어떤 것보다 자신의 생활 스타일, 작업 방식, 경제적 여건 등을 잘 살펴서 편하고 적합한 공간을 만들어가는 게 중요해요.

일하는 시간은 얼마나 되나요

편 보통 하루에 몇 시간 정도 작업하세요?

이 그게 딱 정해져 있지는 않아요. 아마 대부분의 프리랜서가 그렇지 않을까요? 불규칙한 게 오히려 기본이라고 해야 할 것 같아요. 물론 어떤 분들은 매일 아침 몇 시간씩 딱 정해놓고 글을 쓰거나 작업을 하기도 하시지만, 저 같은 경우는 그렇진 않아요. 저는 작업이 몰릴 때는 며칠간 집중해서 한 작품을 쭉 끝내고, 그러고 나면 제 의지와는 상관없이 반드시 쉬어줘야 하는 시간이 오더라고요. 아무리 해야 할 일이 남아 있어도 바로 다음 작업으로는 못 들어가요. 젊었을때도 그랬던 걸 보면, 단순히 체력 문제가 아니라 정신적 에너지의 소모가 큰 것 같아요. 그래서 그 '쉼의 간격'을 인정하게 됐어요.

편 작업 일정 계획을 짤 때도 어느 정도 간격을 두셔야겠어요.

이 맞아요. 계획을 짤 때는 이거 끝내고 바로 다음 것 해야겠다고 마음을 먹어요. 근데 막상 해보면 절대 그렇게 안 되더라고요. 예전엔 '이렇게 쉬면 안 되는데…' 하고 자책도 많이 했어요. 그런데 수백 번 그런 상황을 반복하면서 결국 받아들였죠. 그래서 지금은 그냥 아예 작업을 하나 끝냈으면, 다음 하루 이틀은 아무것도 안 한다고 마음을 놓아요. 그게 오히려 더 효율적이고, 오래 일할 방법이더라고요. 중간중간 그렇게 리셋을 해줘야 다시 몰입할 수 있어요.

편 쉬는 때는 어떻게 시간을 보내세요?

이 특별히 뭘 하려고 하지 않고 그냥 쉬어요. 가끔은 아내와 평일에 카페에 가서 하루 종일 앉아 있기도 해요. 제 일이 평일과 주말을 가리지 않으니까 꼭 주말을 쉬자는 건 없고, 일이 없는 날이 생기면 그게 곧 휴일이 되는 거죠. 그리고 중요한 건, 그 시간을 자책하지 않고 받아들이는 거예요. 괜히 계속 앉아만 있으면 '나는 왜 이 시간에 아무것도 못 하고 있지'하고 자괴감이 들거든요. 그런데 이게 회복을 위한 필수 시간이라는 걸 인정하고 나면 훨씬 마음이 편해져요.

편 말씀하신 것처럼 일과 휴식의 구분을 잘하는 게 자기관리의 핵심일까요?

네, 저는 그렇게 생각해요. 특히 프리랜서는 일과 삶의 경계가 흐려지기 쉬워요. 쉬는 시간인데도 계속 머릿속으로 다음 일을 생각하거나, 자리를 떠도 작업 생각이 남아 있는 경우가 많거든요. 그래서 저는 '지금은 쉴 시간이다'라고 스스로 인정하는 훈련이 중요하다고 생각해요. 진짜로 홀가분하게 쉬면 오히려 다시 작업할 때 더 잘되고, 하고 싶은 마음도 자연스럽게 생겨요. 그걸 애매하게 쉬면, 다시 일로 돌아가는 데 더 오래 걸리더라고요. 결국 오래 일하려면 이런 리듬이 꼭 필요해요.

어떤 스트레스가 있나요

편 일하시면서 받는 스트레스도 적지 않을 것 같아요. 어떤 게 가장 큰 스트레스인가요?

이 이 일을 처음 시작했을 때는 '잘해야 한다'라는 압박감이 정말 컸어요. 이 일은 단순한 창작이 아니라, 의뢰를 받아 그린 그림으로 돈을 받는 일이잖아요. 그러다 보니 클라이언트가 제 그림을 보고 마음에 안 든다고 하면 어떡하지? 같은 걱정이 끊이지 않았어요. 그게 단순한 불안이 아니라, 실제로 몸에도 반응이 올 정도로 스트레스가 심했어요. 어디가 저린 것 같아 병원에 가면 원인을 못 찾는 거예요. 그런 몸의 이상 신호가 계속 오다 보니까, '아, 이게 다 내가 잘해야 한다는 생각 때문이구나'하고 느꼈죠. 사실 이건 제 성격적인 부분도 커요. 저는 무책임하게 '잠수 타는' 스타일은 절대 아니에요. 마감이 밀릴 수는 있어도, 미리 연락을 꼭 드리는 스타일이에요. 기다리는 사람 입장에서 아무 연락 없이 마감을 넘기는 상황이 가장 스트레스일 거라는 걸 아니까, 제가 그렇게는 못 하겠더라고요. 그런 성향이 그림 작업할 때도 같은 방식으로 나타난 것 같아요.

편 일의 특성에서 오는 부담이 큰 것 같아요.

이 맞아요. 같은 그림을 그리더라도, 내 마음대로 그리는 것과 누군가의 요청으로 그리는 건 완전히 다른 일이에요. 돈이 오가고 책임이 생기면 그림을 대하는 태도도 달라지고, 그게 주는 심리적 압박이 매우 커요. 저뿐만 아니라 많은 작가가 그걸 경험하더라고요. 예를 들어 어떤 작가는 평소에 자기 스타일로 정말 멋지게 작업하던 분이 있었는데, 그분이 한 대기업에서 몇천만 원 규모의 프로젝트를 맡게 된 거예요. 그런데 그 이후로 그림이 안 그려졌다고 하더라고요. 잘해야 한다는 생각 때문에 자기 스타일조차 발휘할 수 없게 된 거죠. 그만큼 의뢰 작업이라는 건 창작과는 또 다른 성격의 스트레스를 유발할 수 있어요.

편 그런 스트레스는 어떻게 극복해야 하나요? 시간이 해결해 주는 걸까요?

이 이건 결국 몸으로 부딪치면서 배워가는 수밖에 없다고 생각해요. 책으로 공부한다고 해결되는 게 아니에요. 그림도 그렇잖아요. 아무리 이론서 보고 '아, 이렇게 그리는 거구나!'

알아도, 실제로 잘 그리게 되는 건 계속 그리면서 몸으로 익히는 과정에서 비롯되는 거니까요. 일러스트레이션이라는 것도 마찬가지예요. 처음엔 스트레스에 휘청일 수 있지만, 그걸 경험하면서 나만의 리듬이나 대처법이 생겨요. '이런 방식은 나랑 안 맞는다', '이런 작업은 이렇게 준비해야 편하다'라는 걸 하나씩 깨달아가는 거죠. 그런 과정을 거쳐오면서 지금은 마음이 훨씬 편해졌어요. 경험이 쌓이고 나면, 아무래도 스트레스의 본질을 조금 더 정확하게 인식하게 되거든요. 예전엔 그냥 '무조건 잘해야 해'라는 압박만 있었다면, 지금은 '내가 할 수 있는 만큼 최선을 다하고, 그 과정에서 조율하면 된다'라는 생각이 들어요. 하지만 초창기에는 그런 걸 몰랐으니까, 일 하나하나에 너무 무게를 두고, 그게 전부인 줄 알고 덤볐던 것 같아요. 지나고 보니 그때도 필요했던 시간이었다고 생각해요.

편. 일에서 오는 다른 스트레스도 있나요?

이 뭐니 뭐니 해도 마감 스트레스가 제일 커요. 항상 그렇죠. 마감은 늘 따라붙고, 특히 여러 작업이 겹치거나 일정이 촘촘할 땐 몸도 마음도 너무 힘들어지거든요. 그리고 또 하나, 최근 들어서 특히 크게 느끼는 스트레스는 제 창작 작업이 계속 밀리고 있다는 점이에요. 지금 계약해 놓고 마무리하지 못한 창작 그림책이 10권이 넘어요. 어떤 건 2014년에 계약한 것도 있고, 계속 진행 중이거나, 아예 시작도 못 한 것도 있고요.

편 외주 들어온 일은 마감이 정해져 있어서 먼저 하게 되겠네요.

이 맞아요. 외주 작업을 우선하다 보면 창작이 계속 뒤로 밀리게 돼요. 그러다 보니 자꾸만 제 책이 사라질까 봐, 저의 이미지가 흐릿해질까 봐 불안해지는 거예요. 외주 일도 물론 중요하지만, 작가로서의 정체성을 담은 창작 작업이 쌓이지 않으면 결국 허무함이 남거든요. 최근에 봄·여름·가을·겨울 4권짜리 창작 시리즈를 만들었어요. 사실 처음엔 여름 책 아이디어만 있어서 출판사에 보여드렸어요. 그걸 본 출판사에서 너무 좋다고 사계절로 가자는 제안을 했죠. 근데 문제는 여름 이야기만 만들 생각이어서 나머지 셋은 구상도 없는 상태에서 시리즈가 시작되었다는 거예요.

편 시리즈는 한 번 시작되면 일정한 간격으로 나와야 하니까, 부담이 컸겠어요.

이 네, 외주 작업을 하면서 3개월마다 한 권씩 창작 작업을 했어요. 이야기 구상도 급히 하고, 그걸 바탕으로 스케치, 채색, 완성본까지 다 만들어서 보내는 식이었어요. 그렇게 4권을 다 끝내고 책이 딱 나왔을 때 기분이 묘했어요. 다시 보면 그렇게 못한 건 아닌데, 그냥 제가 만족하지 못한 상태에서 낸 책이라는 생각이 드는 거죠. 그때 받은 스트레스가 지금도 남아 있어요. 창작이라는 게 결국 나를 드러내는 일인데, 급하게 마감 맞추느라 제대로 공력을 들이지 못한 작품이 책으로 남는다는 게 아주 큰 스트레스예요.

편 작가님의 스트레스는 스스로에게 만족하지 못하는 데서 오는 것 같아요.

이 맞아요. 외부의 피드백보다 내가 내 작업을 어떻게 받아들이느냐가 가장 큰 변수예요. 다른 사람들은 잘했다고 해줘도, 내가 충분히 집중하지 못하고 마감에 쫓겨 만든 결과물은 결국 스스로에게 상처가 되더라고요. 그래서 요즘은 일을 줄이고, 밀린 창작 작업 하나하나를 천천히 제대로 해보자는

생각을 하고 있어요. 다음번에는 진짜 공들여서, 스스로 이해할 수 있는 창작을 해야겠다고 마음을 다잡았죠. 그게 요즘 제일 큰 내면의 긴장인 것 같아요.

수입은 얼마 정도인가요

편 일러스트레이터의 수입은 어느 정도인가요?

이 프리랜서이기 때문에 수입이 일정하지는 않지만, 저의 경우 평균적으로 보면 일반 직장인보다 조금 더 많은 수입은 유지해 왔어요. 이 업계에서는 수입이 꾸준한 경우가 조금 드물긴 한데, 저는 이 상태를 유지하려고 노력하고 있어요.

편 일반 직장인과 비슷하거나 조금 더 많다면 적은 수입은 아닌 것 같은데, 어떤가요?

이 수익 자체는 나쁘지 않지만, 넉넉하다고 말하긴 어렵죠. 직장인이 회사로부터 받는 혜택도 없고, 훨씬 불안정하다는 특징도 있어서 실제로는 더 많이 버는 건 아니에요. 매달 고정적으로 들어오는 수입이 아니기 때문에, 심리적인 불안감도 커요. 직장인은 매달 정해진 월급이 들어오잖아요. 그런데 프리랜서는 몇 달 동안 일이 없다가 어느 날 갑자기 큰돈이 들어올 수도 있고, 반대로 일 년 내내 쪼개진 소액만 계속 들어올 수도 있어요. 김승호 회장의 책에 나온 비유가 딱 맞아요. '비가 꾸준히 오면 농사를 잘 짓는데, 가뭄이 길다가 하루 폭우가 오면 다 쓸려 내려간다'라는 말이요. 프리랜서 수입도 그렇거든요. 꾸준하지 않으면 계획이 안 서요. 그래서 작업실 운영비, 생활비, 보험, 세금 등을 전부 직접 관리하고 감당해야 하니까, 실질적으로는 그리 여유롭지 않아요.

편 그런 불안정성을 보완하기 위해 따로 하고 계신 활동이 있을까요?

이 강연이나 수업도 병행하고 있어요. 제 성격상 사람들 앞에 서는 걸 그렇게 즐기는 편은 아니에요. 사실 제일 좋아하는 건 작업실에 혼자 앉아서 그림 그리는 시간인데, 그런데도 이런 활동을 늘린 이유는 고정 수입원을 만들기 위해서예요. 어느 시점부터는 이 일을 계속하려면 수입 구조를 좀 나눠야겠다는 생각이 들어서 시작하게 되었어요. 그게 단지 돈 때문만은 아니고, 심리적인 안정감 때문이에요. 일정 부분 안정적인 수입이 있어야 그 외 시간에 하고 싶은 창작을 할 수 있는 여유가 생기거든요.

편 수입과 지출 관리를 잘하는 것도 일을 잘하기 위해서 중요한 요소인 것 같아요.

이 제가 20년 전으로 돌아간다면, 아마 가장 먼저 돈과 시간에 대한 개념부터 확실히 세울 것 같아요. 재정 관리도 하고 재테크에 좀 더 일찍 관심도 가지고요. 사실 예술가들은 돈 이야기를 하면 좀 어색해하잖아요. 어울리지 않는다고 느끼거나, 외면하려는 경향도 있는데 절대 그러면 안 돼요. 예술가가 돈에 관심을 가지는 건 선택이 아니라 지속 가능한 창작을 위한 조건이에요. 좋은 작업을 오래 하려면, 내가 흔들리지 않고 버틸 수 있는 기반이 필요하고, 경제적인 기초 체력을 갖추었을 때 창작에 더 집중할 수 있어요.

이 일을 위해 계속
노력하는 것은 무엇인가요

편 작가님은 오랜 시간 프리랜서로 일해 오셨잖아요. 그림을 그리는 작업을 유지하고 발전시키기 위해 어떤 노력을 하시나요?

이 일단 많이 봐야 해요. 저는 그게 가장 기본이라고 생각해요. 일러스트레이터는 트렌드를 잘 읽는 능력이 중요해요. 요즘 작가들, 특히 젊은 작가들 사이에서 많이 활용하는 도구 중 하나가 핀터레스트Pinterest인데요. 핀터레스트는 일종의 이미지 기반 검색 플랫폼으로 AI 알고리즘이 적용돼 있어서 어떤 스타일의 그림을 검색하면 그와 비슷한 이미지들을 계속해서 추천해요. 예를 들어, 어떤 감성적인 스타일을 찾으면 그와 유사한 그림들이 쭉 나오고, 어느 하나를 클릭하면 또 그 그림과 비슷한 이미지들이 계속 연결돼요. 그 흐름을 따라가다 보면 트렌드를 파악할 수 있고, 자신이 좋아하는 스타일을 정리할 때 정말 유용해요. 저장 기능도 잘 되어 있어서 보드라는 카테고리 안에 분류해서 저장하면 나중에 모아본 자료만 봐도 내 그림 취향이 어떤지 알 수 있고, 최근 유행하는 흐름이 어떤지 감각적인 느낌이 와요.

편 요즘엔 직접 발로 뛰지 않아도 좋은 자료를 많이 구할 수 있겠네요.

이 맞아요. 요즘은 이미지 자료를 위해 도서관이나 자료실을 뒤질 필요 없이, 앉은 자리에서 거의 모든 시각 정보를 찾을 수 있는 시대예요. 하지만 그래도 현장감이 필요한 작업은 여전히 직접 발로 뛰어야 해요. 예전에 고래를 주제로 벽화를 작업한 적이 있었는데, 처음엔 인터넷 자료만으로 스케치했어요. 그런데 아무래도 실제 느낌이 안 사는 거예요. 그래서 일부러 고래 박물관에 가서 고래 모형을 직접 봤어요. 실물 크기의 고래 모형은 정말 충격적이었어요. 실제로 아래에서 고래 모형을 올려다보니까, '내가 만약 바닷속에서 이 생물을 마주쳤다면 얼마나 거대하게 느껴졌을까?'하는 감정이 확 오는 거예요. 그래서 작업실로 돌아와 스케치를 다시 했는데, 그 전보다 두 배 이상 크게 그리게 됐어요. 단지 이미지가 아니라 느낌 자체가 달라졌거든요. 이런 건 절대 사진만으로는 얻을 수 없어요.

편 결국 느낌까지도 작업에 반영해야 진짜 그림이 완성되는 거군요.

이 맞아요. 그림이라는 건 결국 단순히 보는 것이 아니라, 느끼는 것도 담겨야 해요. 그래서 핀터레스트 같은 도구로 시각 자료를 모으는 작업과 동시에, 현장에서 실제 감각을 느끼는 경험도 병행하는 게 중요하다고 생각해요. 요즘처럼 편하게 자료를 구할 수 있는 시대일수록, 반대로 몸으로 느끼는 감각이 더 소중하게 작용하는 것 같아요. 그런 감정과 경험이 그림에 깊이를 만들어주는 요소가 되니까요.

편 후배 작가들에게 해주고 싶은 조언이 있다면요?

이 시각 자료를 수집하는 데 시간을 아끼지 말고, 자신만의 방식으로 보는 연습을 꾸준히 했으면 좋겠어요. 그게 결국은 작업의 완성도를 좌우하거든요. 그리고 가능하다면 현장 경험을 통해 진짜 감정을 그림에 담아보려고도 해보세요. 그 두 가지가 어우러지면, 그림이 훨씬 더 살아나고 보는 사람한테도 감동을 줄 수 있다고 생각해요.

직업적인 습관이나 질병이 있나요

편 직업적인 습관이나 질병이 있다면 무엇인가요?

이 일단 자세 문제는 거의 모든 작가의 공통적인 직업병일 거예요. 대표적인 게 거북목, 손목 통증, 허리 디스크 같은 거죠. 저도 젊을 때 정형외과 진료를 꽤 자주 받았어요. 특히 디지털 작업을 오래 하다 보면 더 심해져요. 수작업일 때는 1, 2시간 하면 어느 정도 쉬게 되는데, 디지털은 몰입도가 높다 보니 6, 7시간씩도 연속으로 작업하게 되거든요. 그러다 보면 나도 모르게 자세가 무너지고, 목이 아프고, 심하면 디스크 증상까지 나타나요. 지금은 모니터 높이와 작업 환경을 조절하고, 운동도 병행하면서 좀 나아졌지만, 확실히 이건 꾸준히 관리해야 해요. 그렇지 않으면 몸이 망가질 수밖에 없어요.

편 그림 그리는 분 중엔 일상적으로도 '작가다움'이 묻어나는 분들이 있잖아요. 작가님은 어떤가요?

이 저는 사실 그런 '예술가다움'이 별로 없는 편이에요. 다른 작가들은 좋아하는 작가나 작품 이야기를 정말 열정적으로 하기도 하고, 특정 장르나 스타일에 마니아적인 성향이 있기도 한데, 저는 좀 평범한 편이에요. 심지어 그런 면이 스트레스처럼 느껴졌던 적도 있어요. '작가면 뭔가 특별한 취향이나 예술적 고집이 있어야 하지 않나?' 싶어서 억지로 뭔가를 해 보기도 했어요. 예를 들어 커피도 '드립으로 내려야 하나?'하고 온도까지 재보면서 시도해 봤는데, 결국은 쓰기만 하더라고요. (웃음)

편 그런 성향이 없는 것이 오히려 장점이 될 수도 있지 않을까요?

이 지금은 그렇게 생각해요. 저는 적응력이 빠르고, 새로운 걸 거부감 없이 받아들이는 편이에요. 덕분에 그림책이라는 형식이 저한테 잘 맞았어요. 그림도 그리고, 글도 쓰고, 어떤 건 시처럼 써보기도 하고요. 제가 아는 어떤 친구는 정말 그림을 잘 그리는데, 그림 외의 서사 작업은 아예 포기한 때도 있어요. 그런 면에서 저는 다채롭게 접근할 수 있었던 게 저만의 강점인 것 같아요. 그래서 지금은 오히려 이 직업에서 내가 가장 잘 맞는 시기를 보내고 있다는 생각이 들어요. 몸도, 마음도, 작업 방식도 균형이 잘 맞춰져 있는 느낌이에요.

궁금한
이야기

우리나라 그림책 일러스트레이션은
어떻게 발전했나요

편 우리나라 그림책 일러스트레이션의 변화와 발전에 관한 이야기를 나눠볼게요. 우리나라에 어린이를 위한 그림책이 출판된 시기는 언제인가요?

이 1920~30년대를 우리나라 그림책 일러스트레이션의 출발점으로 볼 수 있어요. 이 시기에는 어린이를 위한 잡지와 동요, 동시 등에 삽화가 곁들여지는 방식으로 그림이 사용되었어요. 대표적으로는 윤극영, 방정환 등이 주도한 어린이 운동과 함께 출판된 『어린이』 잡지나 『신소년』 등에 삽입된 그림들이 있죠. 당시 일러스트레이션은 내용 전달을 돕는 보조적 수단으로, 서구 유학을 다녀온 화가들이 일본식 화풍이나 서양화 기법을 도입해 그렸다고 해요. 그림은 대체로 정적이고 교훈적인 분위기가 강했으며, 회화적인 표현보다는 간단하게 선으로 표현한 그림이었어요.

1950~70년대에 전래동화나 민담을 바탕으로 한 그림책들이 본격적으로 등장했어요. 이 시기의 그림책들은 주로 한

장씩 넘기는 전통적인 삽화 형식의 구성으로, 해님 달님, 콩쥐 팥쥐와 같은 전래동화를 그렸죠. 당시에는 그림에 다양한 표현 기법을 시도하기보다는, 서사를 충실히 따라가는 방식이 대부분이었어요. 그런데 이 시기에는 독특하게도 시와 그림을 함께 묶은 시화가 많이 출판되었어요. 문학성과 미술성이 결합된 형태의 책이었다고 할 수 있어요.

편 일러스트레이션이 주목받기 시작한 것은 언제부터인가요?

이 1980~90년대가 한국 그림책 일러스트레이션의 전환점이 되는 시기였어요. 이 시기에는 어린이책이 단순히 교육이나 교훈을 전달하는 매체가 아니라, 하나의 창작 예술로서 인식되기 시작했죠. 서구의 그림책 연구가 국내에 소개되면서, 글과 그림의 상호작용, 그림의 서사적 능력, 미적 표현의 다양성이 강조되었거든요. 이와 함께 작가 중심의 그림책 제작이 활발해졌고, 출판사들도 작품성 있는 그림책에 주목하게 되었어요. 이 시기의 일러스트레이션은 스토리를 단순히 따라가기보다는, 텍스트와 독립적으로 감정을 표현하거나 상징을 담아내는 형태로 진화했죠. 손정민, 정진호 등 다양한 작가들이 등장하며 한국형 그림책이 자리를 넓혀갔어요.

편 언젠가부터 우리나라 그림책이 외국에서 큰 상을 받았다는 소식이 들려왔어요. 그만큼 우리나라 그림책의 수준이 높아졌다는 방증이겠죠?

이 2000년대 이후는 우리나라 그림책이 본격적으로 세계적인 주목을 받는 시기입니다. 이수지, 백희나, 이상희 같은 작가들은 국내는 물론 해외에서도 여러 상을 받으며 한국 그림책의 수준을 국제적으로 알렸죠. 특히 백희나 작가는 〈구름빵〉으로 한국적이면서도 환상적인 글과 그림으로 독창적인 스타일을 보여주었고, 이수지 작가는 〈파도야 놀자〉, 〈거울 속으로〉 등을 통해 창의성을 인정받아 안데르센 상을 받았고요.

이 시기부터 그림책은 단순히 어린이를 위한 책을 넘어서, 성인 독자들도 감상할 수 있는 예술 매체로 인식되기 시작했어요. 특히 아티스트 북이라는 개념이 들어오면서 그림책은 더 자유롭고 창의적인 예술 작업으로 확장된 것 같아요. 아티스트 북은 그림과 텍스트 외에도 종이의 재질, 책의 접힘 구조, 넘김의 흐름 등 물리적 특성 자체를 예술의 일부로 포함시킨 것을 말해요. 이러한 책들은 종종 글이나 이야기가 거의 없거나, 독자의 주관적인 해석에 맡기는 열린 구조라서 전통적인 그림책과는 또 다른 감상의 묘미를 제공하죠.

편 현재 한국 그림책 일러스트레이션의 경향은 어떤가요?

이 매우 다양하고 다층적인 양상을 보여요. 고전적인 수채화 스타일부터 디지털 드로잉, 콜라주, 사진 기반 작업까지 표현 기법은 점점 폭넓어지고 있어요. 이야기 또한 단순한 선악 구도나 교훈적 메시지를 넘어 삶의 본질, 감정, 사회적 문제까지 포괄하고 있죠. 이러한 변화는 그림책이 단지 유아용 콘텐츠가 아니라, 문학·예술·디자인이 융합된 독립 장르로 성장하고 있음을 보여줍니다. 우리나라 그림책은 지금 그 어느 때보다도 실험적이고 창의적인 형식과 내용으로 전 세계 독자와 만나고 있으며, 한국의 시각문화와 서사를 독특하게 담아내는 중요한 예술적 매체로 자리 잡고 있죠.

사진도 일러스트레이션
작업의 일부인가요

편 이 일을 하는 분들이 사진도 수준급으로 찍으시고, 작가님도 사진을 꽤 많이 찍으신다고 하셨는데요. 일러스트레이션과 사진은 어떤 연관이 있나요?

이 저는 개인적으로 그림 그리는 사람들과 사진은 굉장히 가까운 관계라고 생각해요. 그림을 그리는 사람들은 대체로 보는 감각이 예민하잖아요. 그래서인지 자연스럽게 카메라에 관심을 두는 경우가 많고, 저 역시 사진을 정말 많이 찍었어요.

편 취미로 찍는 건가요?

이 단순한 취미를 넘어서, 예전엔 작가들끼리 출사 모임도 꽤 자주 다녔어요. 전국을 거의 다 돌아다녔다고 해도 과언이 아닐 정도로요. 풍경 사진이나 지역 특유의 색감, 계절의 변화 같은 것들을 직접 보고 찍으면서, 그게 작업의 소재가 되거나 감각의 축적으로 이어지기도 했거든요. 그때는 다들 전문 카메라 장비를 들고 다녔어요. 니콘이냐, 캐논이냐로 열떤 토론도 하고, 렌즈 무게만 몇 킬로 되는 걸 짊어지고 돌아 다니고요. 진짜 작정하고 출사 다닌 거죠.

편 요즘에는 아무래도 스마트폰으로 대체되는 경우가 많지 않나요?

이 맞아요. 요즘엔 스마트폰 카메라 성능이 워낙 좋아졌기 때문에 무거운 장비를 굳이 들고 다니지 않아도 웬만한 이미지는 다 담을 수 있어요. 그래도 감각의 차이는 분명히 있긴 해요. DSLR 특유의 심도 표현이나 묵직한 질감은 여전히 매력적이니까요. 하지만 관찰하고 기록하는 습관 자체가 더 중요하다고 생각해요. 결국 어떤 장비를 쓰든, 그걸 통해 세상을 바라보는 태도가 그림에도 영향을 주더라고요.

편 그럼 사진은 어떤 방식으로 작업에 활용되나요? 단순히 참고 자료용인가요?

이 참고 자료로도 많이 쓰이죠. 특히 색감, 빛의 각도, 구도 같은 것들은 사진을 통해 훨씬 정확하게 관찰할 수 있어요. 하지만 그보다 더 중요한 건, 사진을 찍으면서 느끼는 감정이에요. 눈 덮인 겨울 산을 찍었다고 해도, 그걸 단순히 복사하

듯이 그리는 게 아니라, 그 장면을 마주했던 감정이나 온도감, 습도 같은 감각을 그림에 어떻게 담아낼 수 있을지를 고민하게 되는 거죠. 그래서 사진은 그저 보조 도구가 아니라, 감각을 저장하는 또 하나의 방식이라고 생각해요.

편 결국 사진도 그림처럼 보는 일에서 출발하는 작업이네요.

이 일러스트레이터에게는 본다는 것이 작업의 출발점이자 전부라고 해도 과언이 아니에요. 관찰하고, 수집하고, 느끼고, 그걸 나만의 방식으로 풀어내는 거죠. 사진은 그 과정을 더 풍부하게 만드는 도구이고, 지금도 저는 좋은 장면을 보면 자연스럽게 폰으로라도 찍게 돼요. 눈으로만 보는 것과 카메라로 프레이밍해서 보는 건 또 달라요. 그 프레임 안에 무엇을 담고, 무엇을 빼느냐도 결국 창작의 감각이니까요.

일러스트레이터의 매력은
무엇인가요

편 이 직업의 가장 큰 매력은 뭐라고 생각하세요?

이 자기표현과 자아실현의 측면에서 이 일은 특별한 만족감을 줘요. 예를 들어 그림책 작업을 하면 책 한 권에 제 이름이 들어가잖아요. 물론 편집자도 있고, 디자이너도 있고, 여러 사람이 함께 만든 책이지만, 그림 작가로서의 내 이름, 내 스타일, 내 흔적이 온전히 남는다는 느낌이 있어요. 디자이너들도 물론 중요한 역할을 하고 애착을 가지고 작업하지만, 회사에 소속되어 있거나 클라이언트 중심의 프로젝트에 참여하면 '이건 내 작품이다'라고 말하기는 쉽지 않거든요. 그런데 일러스트레이터, 특히 그림책 작가로서 작업을 하면 그 작업이 진짜 내 아이 같다는 느낌이 들어요. 그건 단순한 작업을 넘어, 내가 세상에 남기는 한 조각이라는 감각이 있어서, 그게 정말 큰 보람이자 매력이에요.

편 이 일을 하면서 삶의 방식도 달라지셨을까요?

이 확실히 그런 것 같아요. 단순히 돈을 버는 수단이 아니라, 나의 세계관이나 감성을 담아내는 방식이기도 하니까요. 그런 점에서 보면, 이 일은 직업이라기보단 삶의 일부가 된 것 같아요. 물론 늘 여유롭고 아름답지만은 않아요. 마감도 있고, 스트레스도 있지만, 그런데도 내가 만든 결과물에 자신의 흔적을 남길 수 있다는 것, 그건 정말 큰 힘이 돼요.

편 이 일의 또 다른 매력이 있다면요?

이 단연코 자유로운 시간 사용이죠. 프리랜서 일러스트레이터로 일하면서 정해진 출퇴근 시간 없이 제 마음대로 시간을 쓸 수 있다는 것, 그게 이 일의 가장 큰 장점이에요. 물론 그 자유를 스스로 잘 관리해야 하는 어려움도 있지만, 어쨌든 삶의 리듬을 내 방식대로 설계할 수 있다는 점은 큰 매력이죠.

보람을 느끼는 순간은
언제인가요

편 작가님은 이 일을 하면서 언제 가장 보람을 느끼셨나요?

이 솔직히 말씀드리면 이 일을 시작했던 초창기엔 그림 그리는 게 너무 힘들고 재미도 없었어요. 어느 선배가 '재미있게 해, 즐겁게 그려야지'라고 말했을 때도, 현실에서는 그게 마음대로 안 되더라고요. 그런데 제 창작 그림책이 세상에 나오고, 독자 반응이 생기면서 진짜 재미있어졌어요. 그전까지는 주로 전집 작업이나 외주 위주로 일하다 보니 편집자, 디자이너와만 소통했지, 실제 독자와 만날 기회는 거의 없었거든요. 그런데 책이 정식 출간되고 나니 판매 지수를 매일 확인하게 되고, 누군가 제 책에 대해 글을 남기면 설레는 마음으로 읽게 되고, 그런 피드백이 오기 시작하니까 '아, 이게 진짜 창작의 즐거움이구나' 싶더라고요. 그때부터 더 열정이 생기고, 작업에 대한 욕구도 커졌어요. 예술이라는 게 결국 누군가의 반응을 통해 완성되는 면이 있다는 걸 실감하게 됐죠.

편 창작 그림책을 내고 마음에 변화가 생긴 건가요?

이 예전엔 그림을 그리는 행위 자체만으로 재미를 찾으려다 보니 오히려 더 힘들었어요. 그런데 책이 나와서 피드백이 생기니까 결과에 대한 즐거움이 생겼고, 그 다음엔 또다시 피드백이 없는 작업은 재미가 없다는 고민이 생기더라고요. 그래서 요즘은 결과 말고 과정에서 재미를 찾아야겠다고 생각하게 됐어요. 단순히 마감에 쫓겨 빨리 끝내려는 태도에서 벗어나, 조금이라도 더 잘해보자, 좀 더 좋은 그림을 그리고 싶다고 생각하니까 이상하게 다시 재미가 붙더라고요. 이동진 평론가가 했던 말 중에 제가 참 공감한 게 있어요. 우리는 여행을 행복해지려고 떠나는데, 진짜 행복은 일상에서 느껴야 하는 것이다. 저도 요즘 그걸 깨닫고 있어요. 창작도 마찬가지예요. 독자의 피드백이든, 외적인 성공이든, 잠깐의 성취만 바라보면 결국 지속 가능하지 않아요. 결국 내가 매일 하는 이 행위 자체가 즐거워야 해요. 그 즐거움은 그냥 오는 게 아니라, 좀 더 잘해보겠다는 마음을 먹고 집중할 때 슬며시 찾아오는 것 같아요. 그래서 지금도 저는 그걸 계속 연습하고 있어요. 어떤 작업이든, 더 잘하고 싶다는 마음으로 임하면 확실히 에너지가 달라져요.

편 일러스트레이터라는 직업은 기본적으로 혼자 작업하는 시간이 많잖아요. 그런 시간 속에서도 보람을 느끼는 순간이 있을까요?

이 오히려 혼자 있으니까, 그 안에서 작업이 조금씩 완성되어 가는 과정, 또는 그 결과물을 누군가가 좋아해 주는 순간이 더 크게 다가오는 것 같아요. 무엇보다도 제일 뿌듯하고 기분 좋은 순간은 독자의 반응을 직접 들었을 때였어요. 예를 들면, 어떤 학부모가 강연 현장에서 "우리 아이가 이 책 너무 좋아해요. 맨날 꺼내서 봐요. 팬이에요" 이런 얘기를 해 줄 때 정말 힘이 나더라고요.

편 독자의 반응은 어떤 방식으로 알게 되나요?

이 여러 방식이 있어요. 강연이나 행사에 갔을 때 직접 들을 때도 있고, 출판사를 통해 전달받을 때도 있고, 온라인 서점 리뷰나 SNS 글을 통해서 알게 되는 때도 있어요. 이메일로 따로 연락을 주시는 분들도 있고요. 그런 반응 하나하나가 정말 소중해요. 혼자서 작업하는 동안은 늘 '내가 지금 이걸 왜 하고 있나?' 싶은 순간이 오거든요. 근데 그런 피드백이 오면, 그 모든 의문이 한순간에 정리되는 것 같아요. '아,

누군가는 이 책을 정말 좋아해 주는구나!'하는 감정이 오니까요.

 결국, 독자의 반응과 자신의 창작 욕구가 서로 영향을 주는 거네요.

 맞아요. 혼자 있는 시간은 늘 자신과 싸우는 시간이기도 해요. 그런데 그 싸움 끝에 만들어진 작업이 누군가에게 의미 있는 책이 됐다면, 그건 정말 큰 기쁨이죠. 그게 제가 계속 이 일을 하는 이유고, 또 앞으로도 하고 싶은 이유예요. 그래서 요즘엔 결과뿐 아니라, 지금 이 작업 과정 안에서도 즐거움을 찾으려고 노력하고 있어요. 그렇게 해야 이 일을 오래, 건강하게 지속할 수 있을 것 같아요.

스트레스 해소는 어떻게 하나요

편 스트레스 해소는 어떻게 하세요?

이 사실 스트레스가 너무 많아지지 않게 하려고 일부러 눈앞에 있는 일만 집중해서 처리하는 방식으로 일하고 있어요. 계획을 세세하게 기록하거나 미리 메모해 두면 오히려 스트레스가 더 커져서 일부러 메일로 들어오는 순서대로, 지금 당장 해야 할 일만 하려고 해요. 예정된 작업이 있더라도 확인하지 않고, 당장 닥친 것부터 하나씩 처내는 방식이 제 리듬에 맞고, 그렇게 해야 버틸 수 있겠더라고요. 딱히 '이걸 하면 스트레스가 해소된다!'라는 건 없어요. 여행을 가거나, 어디 좋은 데 다녀온다고 해서 꼭 풀리는 것도 아니더라고요. 오히려 여행 다녀온 날 다시 스트레스가 몰려오는 경우도 있어요. 그래서 지금 생각해 보면, 제일 효과적인 건 꾸준한 운동과 컨디션 관리인 것 같아요. 힘들더라도 운동을 규칙적으로 하는 시기에는 확실히 몸 상태도 좋아지고, 정신적으로도 덜 흔들려요. 스트레스를 받는 강도 자체가 낮아지는 느낌이랄까요? 체력과 컨디션이 받쳐주면 스트레스도 어느 정도 견딜 수 있게 되는 것 같아요. 그래서 운동은 단순한 체력 관리 이상으로, 정서적 안정에도 큰 도움이 돼요. 그리고 가능한 한 30분 정도 낮잠도 챙기려고 해요. 짧게라도 눈을 붙이면 확실히 머리도 개운하고 기분도 좀 정리되는 느낌이 있거든요. 작업실 소파에서 자기도 했는데, 너무 편하면 깊이 자버려서 오히려 흐름이 끊어지더라고요. 그래서 요즘은 일부러 딱딱한 의자에 기대서 잠을 자요. 의자를 약간 뒤로 젖히면 딱 좋은 각도가 있거든요. 그 자세로 자면 너무 깊이 잠들지 않고, 적당한 시간에 깨기 좋아요. 그렇게 한 20~30분 자고 나면 다시 작업 흐름을 잡기가 수월해요.

편 일상에서의 규칙성과 균형이 결국 스트레스를 줄이는 열쇠군요.

이 네, 맞아요. 규칙적인 생활, 꾸준한 운동, 그리고 컨디션 조절. 이 세 가지가 결국 프리랜서로서 스트레스를 버텨내는 힘이 되는 것 같아요. 화려하거나 특별한 방법이 아니어도, 그런 작은 루틴들을 잘 유지하면 장기적으로 더 안정적이고 지속 가능한 작업을 할 수 있다고 생각해요.

일러스트레이터의 미래를
어떻게 전망하세요

편 일러스트레이터라는 직업의 미래, 어떻게 보시나요?

이 몇 가지 변화가 있을 거라는 건 쉽게 예측할 수 있어요. 먼저 일러스트레이터가 가장 많이 활동하고 있는 출판계는 수요가 줄어들고 있어요. 특히 그림책 쪽은 아동 시장과 밀접한데, 아이들 수가 줄어들고 있는 현실이잖아요. 그만큼 책을 소비하는 대상도 줄고 있고요. 유치원, 초등학교 등 어린이 관련 산업 전반이 축소되고 있는 게 피부로 느껴져요. 아직은 종이책에 대한 기대가 남아 있지만, 지금 아이들은 다 스마트폰으로 콘텐츠를 소비하니까요. 그림책이 앞으로도 계속 팔리는 상품이 될 수 있을지는 잘 모르겠어요. 하지만 이건 어디까지나 제가 속한 출판 쪽 전망이고, 웹툰이나 게임 원화, 광고 일러스트처럼 더 큰 시장이 있어요. 그래서 요즘 실력 있는 젊은 친구들은 그림책을 많이 하지 않고 그쪽으로 이동하고 있습니다.

편 AI의 발전이 가속화되면서 일러스트레이터라는 직업에도 변화가 생길 것 같은데요. 어떻게 전망하시나요?

이 AI의 영향도 점점 커지고 있어요. 글 작가든, 그림 작가든 AI를 잘 다루는 사람이 확실히 앞서요. 이미 주변에 AI를 자연스럽게 활용하면서 작업 시간을 줄이고, 작업의 질을 높이는 작가들이 많아요. 앞으로는 그 차이가 점점 벌어질 수밖에 없을 거라고 봐요.

편 지금 그 변화를 느끼고 계세요?

이 지금 일러스트레이션 시장은 기술의 영향으로 빠르게 변화하고 있어요. 특히 생성형 AI의 등장은 단순한 도구의 차원을 넘어서, 창작 방식 자체를 바꾸는 중이라고 생각해요. 긍정적인 측면은 AI가 도와주는 덕분에 반복적인 작업이나 배경 처리 같은 건 훨씬 빠르게 처리할 수 있다는 거예요. 예전보다 작업 시간이 단축되고, 덕분에 창의적인 아이디어나 콘셉트 구상에 더 집중할 수 있죠. 그리고 요즘에는 혼자서도 AI를 잘 다루면 여러 명이 협력하는 작은 스튜디오만큼 결과물을 낼 수 있어요. 프리랜서나 신인 작가에게는 기회가 될 수도 있는 거죠. 반면에 걱정스러운 점도 있어요. 진입장벽이 낮아진 만큼 경쟁이 훨씬 치열해졌어요. AI로 충분히 그럴듯한 그림을 만들 수 있게 되니까, 클라이언트는 굳이 고비용 작가를 찾지 않으려는 흐름도 생기고 있어요. 결국 중간 실력자의 입지는 좁아질 수밖에 없어요. 그리고 단순 삽화, 광고용 이미지 같은 저단가 작업은 AI가 대체할 가능성이 높아요. 그런 영역에서 수익을 내던 작가들에게는 위협이 될 수 있죠.

편 그렇다면 이런 변화에 일러스트레이터는 어떻게 대응해야 할까요?

이 단순히 실력만으로는 어렵고, 시장 감각이 더 중요해지는 것 같아요. 트렌드를 읽는 눈, 새로운 플랫폼에 대한 적응력, AI와 같은 도구에 대한 이해까지…. 예술가이자 전략가의 마음가짐이 필요해지는 시대죠.

미래에는 AI를 잘 다루는 감성 디렉터형의 일러스트레이터가 되어야 하지 않을까요? 단순히 그림을 잘 그리는 것만으로는 부족하고, 자기만의 색깔, 스토리, 감정이 담긴 창작을 할 수 있어야 해요. 또 하나 중요한 건, AI를 두려워하기보다는 도구로 받아들이는 태도죠. 기술을 잘 활용해서, 더 큰 그림을 기획하고 이끌 수 있어야 한다고 봅니다. 지금까지와 같은 전통적인 시장은 점점 축소되겠지만, 그만큼 새로운 형태의 플랫폼, 콘텐츠, 소비자층이 계속 생길 거라고 봐요. 그리고 그 안에서 자신만의 세계를 구축하는 작가는 여전히 살아남을 겁니다. AI 시대에도 결국 중요한 건 작가 자신만의 시선과 철학이거든요.

요즘 그림책 분야에
어떤 변화가 있나요

편 요즘 그림책 분야의 일러스트레이터에게 변화가 있다고 하던데, 무엇인가요?

이 최근 몇 년 사이 변화가 분명하게 일어나고 있어요. 예전에는 그림책 분야에서 일하고 싶은 일러스트레이터는 그림을 중심으로 한 수업과 훈련을 주로 했어요. 그런데 지금은 글도 직접 쓰고, 그림도 직접 그리고 싶은 수요가 더 많아졌어요. 즉, 단순히 그림을 그리는 사람이 아니라, 이야기를 창작하고 그림으로 풀어내는 '글·그림 작가'가 되고 싶은 사람들이 늘어난 거죠. 이는 시대적 배경의 변화와도 깊은 관련이 있어요. 과거에는 그림책 자체가 지금처럼 대중적인 장르가 아니었고, 그림책을 보고 자란 사람도 많지 않았어요. 하지만 요즘 아이들은 어릴 때부터 수많은 그림책을 접하며 자라고, 그 영향으로 '나도 저런 그림책을 만들고 싶다'라는 욕망을 자연스럽게 품게 된 거예요. 그림책이 한 세대를 키운 문화 콘텐츠로 자리 잡으면서 단순히 그림을 그리는 일러스트레이터보다, 그림책이라는 완성된 세계를 직접 만들어내고 싶은 창작 욕구가 더 앞서게 된 겁니다.

이런 흐름에 따라 그림책 관련 교육 현장도 변하고 있어요. 기존에 그림만 가르치던 일러스트레이션 학원들도 이제는 글쓰기 수업과 그림책 기획 수업을 함께 운영하기 시작했어요. 단순히 드로잉 기술을 배우는 것을 넘어, 이야기 구조, 캐릭터 설정, 장면 연출, 더미북(가제본) 제작까지 전체 그림책 제작 과정을 다루는 프로그램이 점점 늘어나고 있죠. 심지어 일부 수업은 편집자, 디자이너, 기획자, 글작가, 그림작가가 한 팀이 되어 6개월간 공동으로 그림책을 완성하는 협업 과정으로 운영되기도 해요. 출판 현장을 그대로 옮겨놓은 듯한 구성인 셈이에요.

이처럼 그림책 산업은 점점 작가 중심으로 바뀌고 있어요. 그림을 의뢰받아 단순히 삽화를 그리는 시대에서, 자신만의 이야기를 창작하고 비주얼로 표현하며 한 권의 그림책을 완성하는 작가의 시대가 열린 것이죠. 이러한 흐름은 그림책이 단순한 아동용 콘텐츠가 아니라 예술적 창작물로 인식되는 변화를 반영하기도 해요.

어떻게 하면 그림책 작가가
될 수 있을까요

편 처음부터 그림책 작가가 되고 싶은 청소년은 무엇을, 어떻게 공부하면 좋을까요?

이 창작을 하는 일에 정해진 방법은 없어요. 다만 시작하는 방법을 모르는 청소년이 있다면 그림책 작가 프로그램을 찾아 배우는 것을 추천해요. 그림책 작가 프로그램은 단순히 그림을 배우는 수업이 아니라, 이야기와 그림이 어떻게 어우러져 하나의 책으로 완성되는지를 전반적으로 익히는 과정이에요. 프로그램마다 다르긴 하지만 보통 이야기 기획, 캐릭터 만들기, 장면 연출, 더미북 제작, 출판 실무까지 단계적으로 배울 수 있도록 구성되어 있어요.

편 작가님도 그림책 작가 과정 수업을 하시니까 잘 아실 것 같아요. 프로그램에서는 어떤 것들을 배우나요?

이 가장 먼저 배우는 건 그림책의 구조와 기획이에요. 그림책은 짧은 내용이지만 메시지가 분명해야 해서 주제와 흐름을 잘 짜는 게 중요해요. 그래서 수업에서는 어떤 이야기를 담을지, 누구를 위한 그림책인지부터 고민해요. 그리고 등장인물과 배경을 구체화하고, 페이지마다 어떤 장면을 배치할지, 어떤 감정이 전달되어야 할지를 시각적으로 설계하죠. 이 과정에서 장면의 구도, 시점, 그림 스타일 같은 표현 방식도 함께 배우게 돼요.

이후에는 더미북이라는 모형 그림책을 만들어요. 실제로 책처럼 넘겨볼 수 있도록 구성된 형태인데, 여기에 글과 그림을 넣고 전체 흐름을 점검해요. 더미북은 작가의 의도를 가장 잘 보여주는 포트폴리오이자, 출판사에 투고할 때도 꼭 필요한 결과물이기 때문에 프로그램에서는 중요한 단계로 다뤄요.

또한 프로그램에 따라 출판 실무나 계약, 저작권 같은 현실적인 내용도 다뤄요. 요즘에는 SNS나 공모전을 활용해 작가로 데뷔하는 경우가 많아 자기 작품을 소개하고 알리는 법, 출판사에 투고하는 요령 같은 것도 함께 배워요.

편 프로그램을 고를 때는 어떤 점을 고려해야 할까요?

이 그림책 작가 프로그램은 배우는 내용이 다양하고 전문적이기 때문에, 자신의 목적에 맞게 잘 고르는 게 중요해요.

그림으로 이야기를 담아내는
일러스트레이터

예를 들어, 취미로 경험해 보고 싶은 경우에는 문화센터나 여성인력개발센터에서 여는 입문자 중심의 프로그램을 선택하는 게 좋아요. 짧은 기간 동안 부담 없이 경험할 수 있고, 기본적인 흐름을 익힐 수 있어요. 반대로 그림책 작가로 데뷔하고 싶은 경우에는 더욱 전문적인 과정을 선택해야 해요. 한국그림책학교나 문화저널 맥의 '프로 그림책 작가 양성 프로젝트'처럼 장기간 진행되고, 더미북 제작과 피드백, 출판 연계까지 있는 프로그램을 추천해요. 또 그림은 잘 그리지만 출판이 목표라면, 투고용 포트폴리오 제작이나 단기 더미북 완성 과정처럼 실전 위주 수업도 괜찮아요.

프로그램을 고를 때는 강사진이 실제 그림책 작가인지, 피드백이 정기적으로 이루어지는지, 수료 후에 공모전 출품이나 출판 연계 기회가 있는지를 꼭 확인하는 게 좋아요. 특히 출판사에서 그림책을 볼 때는 작품 완성도뿐 아니라 전달력과 구성력이 중요하므로, 과정 중에 기획부터 연출까지 전체 흐름을 반복해서 연습할 수 있는 프로그램이 더 도움이 돼요.

그림책 작가가 되는 길은 단지 그림 실력만으로 되는 것이 아니에요. 이야기를 만들고, 감정을 전달하고, 보는 사람과 소통하려는 자세까지 함께 갖춰야 하죠. 그렇기 때문에 프로그램을 선택할 때는 '어떤 작가가 되고 싶은가?'라는 질문에 대한 답을 먼저 떠올려보고, 그에 맞는 커리큘럼을 가진 곳을 고르는 것이 가장 중요해요.

이 일의 어려움은 무엇인가요

편 이 일의 어려움은 무엇이 있나요?

이 일의 형태에 따라 각각 어려움이 있는데요. 먼저 글이 있는 그림책을 의뢰받아 그림을 그릴 때는 그림을 수정해 달라는 요청에 따라 좀 힘들 때가 있어요. 사실 그림을 그리는 입장에서는 기본적으로 수정 요청이 오면 누구든 기분이 나쁠 수밖에 없어요. 많든 적든 간에 사람 심리가 그래요. 물론 수정 자체를 문제 삼을 수는 없어요. 의뢰한 출판사와 그림을 그리는 일러스트레이터의 의견이 일치할 수는 없기 때문이죠. 그런데 수정해야 하는 이유나 방향에 대해 대화하거나 조율할 기회 없이 일방적으로 지시만 받게 될 때가 있어요. 그러면 정말 '내가 고용돼서 그냥 노동만 팔고 있구나'라는 느낌이 강하게 들어서 마음이 상하죠. 이 일을 하는 사람이라면 기본적으로 예술적인 표현을 하고 있다는 자부심이 있어요. 그런데 그런 자부심을 발휘할 기회도 없이 계속 수정만 하다 보면 점점 동기와 열정을 잃게 되죠.

편 부정적인 경험이 쌓이면 일에 대한 열정이 줄어들 것 같아요.

이 네, 우리나라에서 글과 그림을 함께 창작하는 그림책 작가가 아닌, 의뢰받아서 일하는 일러스트레이터 중 많은 이들이 사실 그림 그리는 걸 그렇게 즐기지 못하게 되었다는 말을 많이 들어요. 저 같은 경우는 특별히 뭘 좋아해서 시작한 건 아니지만, 주변엔 그림을 정말 좋아해서 이 일을 시작한 분들이 많았어요. 그런데 "그림 그리고 싶지 않다", "일이 너무 힘들다"라는 말을 많이 하죠.

편 외주를 받는 그림이라서 그런 건가요?

이 꼭 그런 것은 아니에요. 의뢰한 그림을 그리더라도 자기가 하고 싶은 것을 어느 정도 구현할 수 있고, 자신의 욕구와 작업 내용이 맞물려 있다면 그 작업은 굉장히 즐겁게 느껴질 거예요. 결국 중요한 건 단순히 외주냐 아니냐가 아니라, 작업이 나의 표현 욕구와 얼마나 연결되어 있는가입니다.

편 그림책을 창작하는 작가가 되면 이런 어려움은 없을 것 같은데, 어떤가요?

이 많은 작가가 그림책 작업 쪽으로 오면 더 나을 거라고 생각하지만, 그림책도 또 다른 방식의 지난한 과정이 있어서 절대 쉽지는 않아요. 창작 그림책은 글과 그림의 구상이 끝나면 집중력이 생겨 실제로 작업하는 시간은 짧아요. 그런데 구상이 되지 않으면 시간이 한정 없이 지나가요. 외주는 기한이 정해져 있지만, 창작은 기한이 없거든요. 강제력이 없어 오히려 더 힘들 수도 있어요. 또 잘하고 싶은 욕심도 있어서 만족하지 못하기도 하고요.

창작이냐 외주냐에 따라
달라지는 게 있나요

편 글과 그림을 모두 직접 하는 창작 그림책 작업과 글 작가가 따로 있는 작업을 할 때 달라지는 것이 있을까요?

이 저는 이 두 가지 작업 방식에 차이를 분명히 느껴요. 글 작가가 따로 있는 외주라고 해서 대충 하거나 마음을 덜 쓰는 건 절대 아니에요. 맡은 이상 최선을 다하죠. 그렇지만 무의식적으로는 확실히 내 책과는 다르게 느껴지는 지점이 있어요. 마감 기한도 있고, 완성도도 챙겨야 하니까 우선순위가 자연스럽게 앞서게 되는 것 같아요. 반면, 글과 그림을 모두 내가 창작하는 작업은 더 많은 고민이 필요해요. 잘 만들고 싶은 욕심이 크다 보니 오히려 자꾸 뒤로 미루게 되죠. 외주 작업이 꼭 해야 하는 일이라면, 창작 작업은 더 잘하고 싶은 일이라 그런 것 같아요.

편 외부 원고 작업도 애착이 가는 경우가 있나요?

이 물론이에요. 의뢰받은 작업 중에서도 어떤 책은 정말 기대되거나 애착이 가는 경우가 있어요. 그럴 때는 의식적으로

'이건 열심히 해야지'라기보다는, 몰입이 자연스럽게 더 깊어
지는 것 같아요. 일이라는 게 원래 몰입도가 중요한데, 특히
그림책 작업은 하나에 집중하지 않으면 안 되기 때문에, 그
한 작품에 빠져 있다 보면 다른 작업은 자연히 밀리게 되죠.
그리고 작업할 땐 그 순간에 집중하지만, 나중에 돌아보면
어떤 작업은 더 마음이 갔고, 어떤 결과물은 그만큼 더 좋게
나왔다는 걸 알게 돼요. 그런 의미에서 자기 창작물과 의뢰
작업 사이에는 애착의 농도가 다를 수밖에 없다고 생각해요.

영향을 받은 그림책 작가가 있나요

편 특별히 좋아하고, 영향을 받은 그림책 작가가 있나요?

이 존 버닝햄John Burningham의 그림책을 정말 좋아해요. 그림책을 조금이라도 아는 분이라면 다 아실 정도로 워낙 유명한 작가죠. 그런데 그냥 유명한 작가가 아니라, 알면 알수록 정말 천재적인 작가라는 생각이 들어요. 특히 글과 그림의 시너지가 있는 그림책이라는 장르의 본질을 가장 잘 보여주는 것 같아요. 그림책은 단순히 글 50%, 그림 50%로 나뉘는 게 아니라, 글과 그림이 만났을 때 100% 이상의 힘을 발휘할 수 있는 장르예요. 저는 버닝햄의 작품을 보면 항상 그런 감탄을 해요. 글도 좋고, 그림도 훌륭한데, 두 요소가 만나면서 훨씬 더 강력한 감정과 메시지를 만들어내거든요. 그래서 저는 그림책 수업할 때 그의 작품을 가장 많이 활용해요. 그림책에서 그림이 이야기를 어떻게 끌고 가는지를 보여주는 데 있어서 존 버닝햄만큼 교과서 같은 작가는 드물다고 생각해요. 그의 작품을 보면 글은 아주 간결한데, 그림만으로도 강한 서사와 감정을 전하거든요. 그래서 저는 수업 시간에 수강생들에게 그의 그림책을 통해 그림이 서사를 어떻게 이끌 수 있는가를 설명하곤 해요. 사람들이 그 책을 통해 그림책에 대해 새롭게 이해했다는 이야기를 들을 때는 뿌듯함도 느껴요. 그만큼 저에게는 창작의 기준이자, 끊임없이 참고하게 되는 존재예요. 또 존 버닝햄처럼 특정 작가의 책뿐 아니라, 〈오리건의 여행〉처럼 그림 자체가 강하게 감정을 전달하는 책에서도 큰 영향을 받아요. 결국은 이야기든, 그림이든 어떤 요소가 중심이 되든 간에 독자에게 다가오는 힘이 있으면 그게 좋은 그림책이라고 생각해요.

편 저도 그림이 만들어내는 이야기가 있는 그림책을 좋아하는데요. 한편에서는 그림책의 문학성을 낮게 보기도 하는 것 같아요.

이 우리나라에서는 아직 그림책에 대한 인식이 다소 서사 중심으로 편향된 경향이 있어요. 그림책의 역사가 짧다 보니, 문학 전공자들이 강연이나 수업을 주도하면서 그림책을 주로 글 중심의 문학으로 이해하는 경향이 생긴 거죠. 그래서 그림 작가들이 서사가 약하다는 말을 듣기도 하는데, 그 기준 자체가 문학적 관점에만 머물러 있는 건 아쉬운 점이에요.

어른을 위한 그림책은
뭐가 다른가요

편 어른을 위한 그림책이 있다는데, 어린이책과 무엇이 다른가요?

이 요즘 그림책을 읽는 어른들이 증가한 것은 사실이에요. 그림책이 단지 어린이만을 위한 책이라는 경계를 넘어, 어른 독자에게도 깊은 울림을 주었기 때문인데요. 대표적으로 〈100만 번 산 고양이〉와 같은 작품은 어린이를 대상으로 하지만 삶, 사랑, 죽음 같은 주제를 담아내 어른들에게도 큰 감동을 주었어요. 이러한 책들은 어른이 읽었을 때도 과거의 기억과 감정을 환기시키며 보편적 정서를 자극하는 힘이 있죠. 이러한 흐름이 확산하면서 최근에는 어른을 위한 그림책을 표방하며 제작되는 책들도 증가하고 있어요. 그런데 문제는 처음부터 어른 독자를 겨냥해 제작된 그림책들이 정작 어른을 충분히 만족시킬 만큼의 깊이나 밀도를 갖추지 못하고, 어린이용처럼 짧고 단순한 형식에 머무른다는 거예요. 그래서 어린이용 그림책이 우연히 어른에게도 강한 공감을 일으켰던 반면, 어른을 겨냥해 만든 책이 오히려 어른에게는 얕고 짧게 느껴지는 모순이 발생하는 거예요. 이런 흐름은 그림책이라는 장르가 예술과 문학, 유아 교육과 감성 콘텐츠 사이에서 위치를 확고히 하지 못한 채 다소 혼란스러운 상태에 있음을 보여주지요. 지금의 어른을 위한 그림책에 대한 관심은 오히려 작가들에게 서사, 형식, 독자에 대한 더 깊은 고민을 요구하는 하는 게 아닌가 생각해요.

나도
일러스트레이터

I l l u s t r a t o r

디지털 기술이 보편화되기 전, 일러스트레이터들은 붓과 종이, 물감으로 작업했습니다. 하지만 지금은 프로크리에이트나 클립스튜디오 같은 디지털 프로그램을 사용하는 작가들이 늘고 있습니다. 수십 년간 수작업을 해온 베테랑 작가들도 디지털로 전환하는 추세죠.

물론, 종이의 질감이나 물감의 번짐 같은 아날로그적 매력은 디지털로 완벽히 대체하기 어렵습니다. 그래서 많은 개발자들이 아날로그 감성을 살린 디지털 브러시를 만들고 있답니다.

이제 여러분과 함께 그림책 한 장면을 그려보려고 합니다. 저는 프로크리에이트를 사용할 거지만, 여러분은 포토샵, 클립스튜디오, 페인터 등 평소 좋아하는 프로그램을 사용해도 좋습니다.

이미지 스케치하기

"어른들이 그 애한테 물개 같대. 그 애는 폭포수처럼 쏟아지는 칭찬에
기분 좋은지 물속에서 나올 줄 몰랐어."

이 문장을 읽고 머릿속에 떠오르는 장면을 자유롭게 그려보세요. 그림을
그릴 때는 A3 사이즈 정도로 크게 잡는 것이 좋습니다.

채색 준비: 레이어 설정하기

스케치 레이어를 선택한 다음, 속성을 'Multiply(곱하기)'로 바꾸고 투명도
(Opacity)를 30%로 낮춰주세요. 이렇게 하면 스케치 선이 연해지면서 아
래에 칠하는 색이 잘 보입니다. 스케치 레이어 아래에 새로운 레이어를 하
나 추가합니다. 앞으로 이 레이어에 인물을 채색할 거예요.

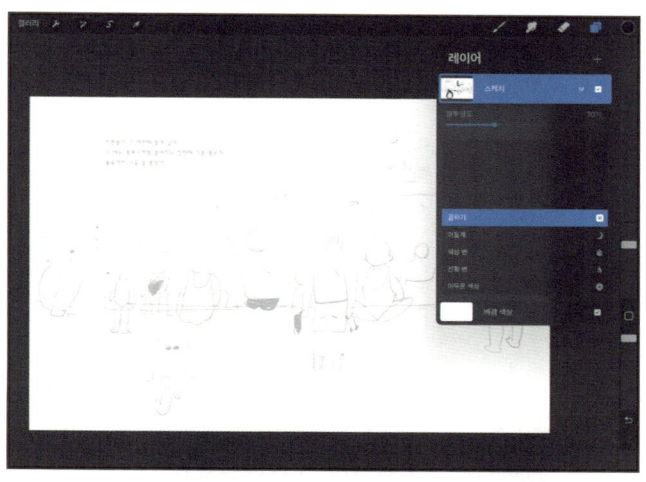

3. 인물 채색하기

새로 만든 레이어에 인물을 채색할 시간입니다. 이 레이어의 이름을 '인물'로 바꿔주세요. 마음에 드는 브러시를 골라 인물을 꼼꼼하게 채색해 보세요.

Tip 인물 하나하나를 다른 레이어에 그리면, 나중에 특정 인물의 색을 바꾸거나 위치를 수정할 때 훨씬 편합니다. 하지만 저는 복잡하지 않게 인물을 모두 한 레이어에 그렸어요. 처음에는 이렇게 한 레이어에 작업해 봐도 좋습니다.

4. 배경 채색하기

이제 배경을 채색할 차례입니다.

- 인물 레이어 아래에 새 레이어를 추가하고 이름을 '배경'으로 바꿔주세요.
- 이 '배경' 레이어에 원하는 색으로 배경을 칠합니다.
- 작업 중에는 '인물' 레이어의 눈 아이콘을 껐다 켰다 하면서 배경색이 인물과 잘 어울리는지 수시로 확인하세요.

🄿 인물 레이어와 배경 레이어를 따로 두면, 배경색을 바꾸거나 배경을 수정하고 싶을 때 인물 그림을 건드리지 않고도 쉽게 작업할 수 있습니다.

배경 채색하기: 콜라주 기법 활용

이번에는 브러시 대신 이미지를 활용해 배경을 꾸며볼 거예요.
수영장 바닥을 직접 그리는 대신, 마음에 드는 이미지를 가져와 붙여봤습니다. 여러분도 재미 삼아 다양한 사진을 활용해 보세요.

- 배경으로 사용할 이미지를 불러온 다음, 복사해서 작업 중인 그림에 붙여넣으세요.
- 그림의 시점과 분위기에 맞춰 이미지 크기를 조절하고, 색상도 바꿔줍니다.
- 필요하다면 이미지를 왜곡하거나 부분적으로 색을 더해 그림과 자연스럽게 어우러지도록 만드세요.

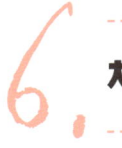

6. 채색 보완하기

이제 그림의 완성도를 높이기 위해 부족한 부분을 채워볼까요? 저는 그림에 물방울과 물개의 젓는 손발을 추가로 그렸습니다. 나중에 수정하기 편하도록 새로운 레이어를 추가해가며 그리는 게 좋습니다.

7. 디테일 더하기

이제 그림을 완성할 시간입니다. 마지막으로 추가한 레이어 위에 물 자국과 그림자를 넣어 그림의 생동감을 더하고 작업을 마무리했습니다.

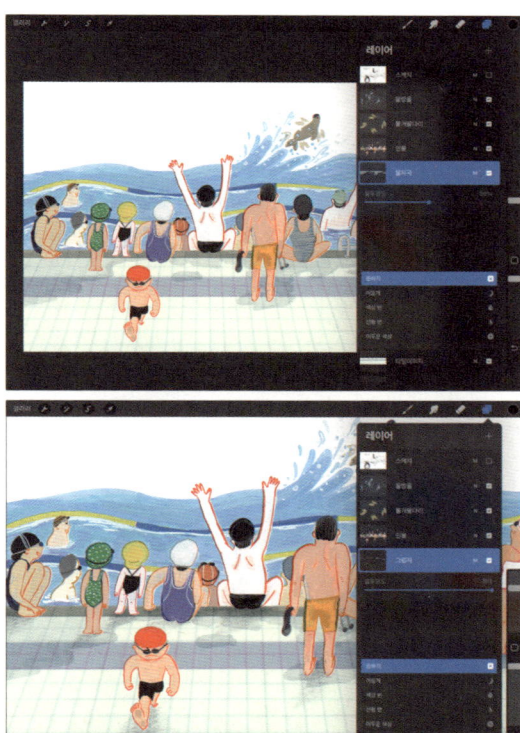

8. 최종 마무리

이렇게 완성된 그림은 포토샵으로 가져와 CMYK 모드로 변환하고 색상 보정 작업을 거쳐야 합니다. 이 과정을 통해 인쇄했을 때 색이 변하는 것을 막고 최종적으로 색을 완벽하게 정리할 수 있습니다.

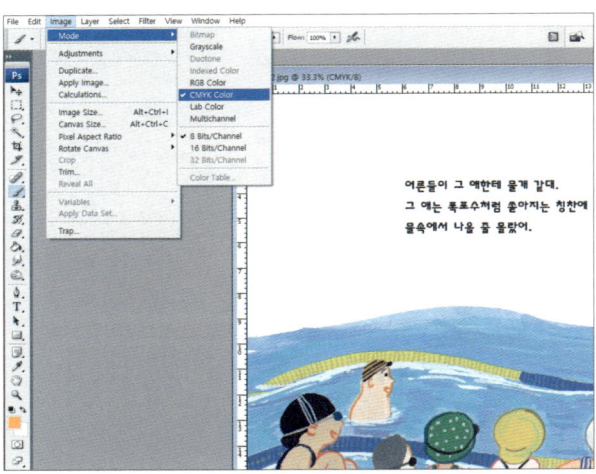

마무리하며

지금까지 프로크리에이트를 활용해 스케치부터 최종 마무리까지 그림을 완성하는 과정을 함께 살펴보았습니다. 어떠셨나요?

디지털 드로잉의 다양한 기능들은 여러분의 아이디어를 더욱 풍부하게 표현할 수 있도록 도와줍니다. 오늘 배운 팁을 활용해 여러분만의 멋진 작품을 완성해 보세요.

앞으로 더 다양하고 멋진 그림을 만들어내시길 응원하겠습니다.

일러스트레이터
이갑규 스토리

편 이갑규 작가님의 개인적인 이야기를 들어보는 시간입니다. 어릴 적에는 어떤 아이였나요?

이 특별한 건 없었고, 전형적으로 밖에서 노는 걸 좋아하는 아이였어요. 해 질 무렵까지 놀다가 엄마가 밥 먹으러 오라고 불러도 못 들은 척하고 더 놀고 싶던 기억이 가장 선명해요. 거기에 비추어 요즘 아이들을 보면 좀 안쓰러워요. 그래서 제 아이에게도 "공부가 전부는 아니야, 네가 하고 싶은 걸 해도 괜찮아"라고 말해요.

편 학창 시절은 어떠셨어요?

이 무엇을 배우면 빠르게 익히는 편이었어요. 중학교 2학년 때 기타를 배웠는데, 느는 속도가 빠르니까 선생님이 음대에 진학해 클래식 기타를 전공하라고 권하셨어요. 근데 사실 저는 음악적인 재능이 없어요. 선생님 말씀을 듣고 만약 그 길로 갔다면 정말 힘들었을 거예요. 새로운 것을 배우면 빠르게 익히는 편이라서 겉보기에는 잘 따라가는 것처럼 보였던 거죠. 결국 그건 재능이 아니라 적응력에서 오는 반응이었던 것 같아요.

중학교 때는 이것저것 그냥 하고 싶은 걸 다 해보았고, 고

등학교에 들어서면서는 공부도 좀 열심히 해야겠다는 마음으로 학교생활을 했어요. 딱히 되고 싶은 것도 없었고, 성적 관리해서 대학 가야 한다는 생각 정도였죠. 어떤 과를 가야겠다는 목표도 없었어요. 그냥 시험 결과에 따라갈 수 있는 곳을 고민했던 것 같아요. 그러다 고3 무렵부터 본격적으로 미술학원을 다니기 시작했는데, 그때부터는 학원 중심의 생활이 전부였어요.

편 언제 미술을 전공하기로 마음먹으신 건가요?

이 어렸을 때 특별히 좋아하는 것, 남들보다 뛰어나게 잘하는 것이 없었던 것 같아요. 재능이 있으면 좋아하게 되고, 좋아하면 그쪽으로 꿈꾸기도 할 텐데, 뭘 해야 할지 잘 몰랐어요. 그러다 고3 때 미술 선생님이 저한테 재능이 있으니, 미술을 전공해 보라고 추천하셨어요. 그때 미술학원을 다니면서 자연스럽게 선택하게 된 거예요.

편 미술 선생님은 작가님의 어떤 면을 보고 미술에 대한 재능이 있다고 하셨을까요?

이 어려서부터 낙서를 참 많이 했어요. 공책이나 책에도 끄

적끄적 낙서하는 것을 좋아했는데, 저 스스로는 그걸 그림에 재능이 있다고 생각하지는 않았었죠. 그냥 친구들과 어울려 노는 것을 좋아했는데, 미술 선생님은 제가 수업 시간에 그린 그림을 보고 가능성이 있다고 판단하신 것 같아요. 선생님이 추천하신 대로 입시 미술학원에 다녔고, 대학에서는 산업디자인을 전공하게 되었죠. 사실 미술학원에서의 경험과 사람들, 그때의 추억이 오히려 학교생활보다 더 많이 기억에 남아 있어요. 그 시기가 지금의 저를 만드는 데 큰 영향을 줬죠.

편 대학 시절은 어떻게 보내셨어요?

이 대학 다닐 때 특별한 것은 없었어요. 대학 생활보다는 입시학원에서 데생을 가르치는 아르바이트를 했던 경험이 더 기억에 남아요. 앞에서 말했듯이 대학 다니는 내내 학원에서 강사를 했고, 졸업하고도 3년 정도 더 했죠. 그러다 새로운 것에 도전하며 이것저것 시도한 끝에, 지금 일러스트레이터로 그림책 작가로 자리매김하게 되었어요.

편 이 일을 25년 가까이 하셨어요. 일러스트레이터로 많은 그림책에 그림을 그렸고, 지금은 그림책 작가도 되셨는데, 일을 대하는 작가님만의 마음가짐이 있을까요?

이 프리랜서는 기본적으로 혼자 있는 시간과 계속 마주하는 직업이잖아요. 늘 나 자신과 싸우고, 의심하고, 또 다잡고… 반복의 연속이에요. 그런데 어느 순간, 그 싸움조차 내가 이 일을 사랑하기 때문에 계속하는 거구나 하고 느끼게 돼요. 그러니까 결국 그림을 그리는 게 좋아서, 사람들과 연결되고 싶어서, 조금이라도 더 잘해보고 싶어서 계속 그리고 있는 거죠. 지금도 완성된 형태는 없지만, 그래도 예전보다는 조금 더 그리는 즐거움, 창작하는 즐거움을 찾아가고 있는 것 같아요. 작업 방식도 나에게 맞게 조절하고 있고, 몸도 관리하려고 노력하고 있고요. 결국 중요한 건 나만의 리듬을 찾고, 나에게 맞는 방식으로 지속 가능한 작업을 만들어가는 거라고 봐요. 그리고 지금 저는 그걸 실천하는 중이고요.

편 인터뷰하고 있는 곳이 작가님의 작업실인데요. 식물도 있고, 그림 그리는 도구들도 있고, 책도 많이 있어요. 작가님이 스스로 일군 일터인데, 작업 공간에 대한 애정도 남다를 것 같다는 생각이 들어요.

이 제 작업실도 변천사가 있죠. 다른 화가들과 공동 작업실을 꾸린 적도 있고, 산 아래쪽에 작업실을 차린 적이 있었어요. 산 아래 꾸린 작업실은 사람들이 오면 보여주고 싶어서 꽤 멋지게 꾸며놨어요. 그런데 한 달 동안 아무도 안 오는 거예요. (웃음) 그때 아무리 잘 꾸며도 아무도 안 보면 무슨 의미가 있을까 싶었죠. 그 마음과 연결해서 제가 그린 그림도 결국 누군가 봐주는 사람이 있을 때 의미가 완성된다는 걸 깨닫는 순간이었어요. 지금 작업실은 누군가에게 보여주기 위해 꾸미지는 않았어요. 제가 종일 머물며 일하고 휴식하는 실용적인 공간이지만 저만의 개성도 드러난 공간으로 제 일부인 것 같아요.

편 그림책 작가를 양성하는 창작 수업은 언제부터 하셨어요?

이 정확히 기억나지는 않지만 아마도 2005년 정도였던 것 같아요. 입필이라는 디지털 일러스트 교육 기관에서 일러스트와 그림책을 가르쳤던 것이 처음이었죠. 그 후로 작업실에서 소그룹으로 그림책 수업을 진행하다 2024년 초부터 상수역 근처 유어마나(거북이북스 운영 책카페)에서 거북이북스 출판사와 함께 3개월 과정으로 그림책 수업을 꾸려가고 있어요. 현재 월요일 오전 정규반 수업과 오후, 저녁 합평 중심반으로 진행합니다.

편 수업은 어떻게 진행되나요?

이 수업은 단순히 그림을 그리는 걸 넘어서 전체 그림책 한 권을 만드는 과정을 함께해요. 아이디어 구상부터 스토리 구성, 스케치, 더미북 제작까지 단계별로 진행하는데요. 마지막에는 출판사 편집자들이 직접 와서 총평도 해주고, 마음에 드는 작품은 현장에서 바로 계약이 성사되기도 해요. 수강생 중에서 실제로 작가로 데뷔하는 사람도 많고요. 이럴 땐 정말 큰 보람을 느껴요.

편 작가로 데뷔해 활동하고 있는 제자도 소개해 주세요.

이 여러 명 있는데요. 그중에 문학동네에서 〈나는 지하철입니다〉라는 책을 낸 김효은 작가가 있어요. 국내에서도 유명하지만, 해외에 책이 수출돼서 더 큰 인기를 얻었죠. 이 작가가 대학 3학년 때 제 수업을 들었는데, 지금은 오히려 저보다 더 잘 나가요. (웃음) 그런 제자들이 있다는 건 저한테도 뿌듯하고 자랑스러운 일이에요.

🔲 작가님 수업의 특별함은 무엇이 있을까요?

🟢 예전에는 수강생 교육을 할 때 너무 많이 가르쳐주면 안 된다는 철학을 가진 선배들의 영향을 받아서, 수업 중에 피드백은 주되 아이디어나 해답은 직접 주지 않는 방식을 고수했어요. 그런데 시간이 지나면서 그 방식이 꼭 정답은 아니겠다는 생각이 들었어요. 사람은 기계가 아니잖아요. 한 번만 도움을 받아도 그걸 바탕으로 더 창의적으로 성장할 수 있다고 믿게 됐죠. 그래서 요즘은 오히려 아이디어나 구성에 대한 제안도 함께 나누면서 수업하고 있어요. 그렇게 접근했더니 수강생들의 작품 완성도도 훨씬 좋아지고, 실제 출간까지 이어지는 경우도 많아졌어요.

🔲 작가님에게 수업은 어떤 의미인가요?

🟢 제 개인 작업과는 또 다른 즐거움이 있어요. 어떤 수강생이 책을 내고 "선생님, 드디어 책 나왔어요!"하고 소식을 전해 오면, 마치 제 책이 나온 것처럼 기쁘거든요. 가끔은 제 작업은 안 해도 좋으니, 수업만 하면 좋겠다는 생각이 들 정도로

요. 수강생의 성장을 돕는 일이 곧 또 하나의 창작 활동이자, 제게 큰 의미가 되는 시간이죠.

편 작가님은 일러스트레이터와 그림책 작가라는 두 개의 직업을 가지고 있으세요. 이 두 직업을 대하는 작가님의 마음가짐도 다를 것 같은데요. 어떤가요?

이 일러스트레이터는 마치 택시 운전기사처럼 누군가의 목적지에 맞춰 안전하고 빠르게, 편안하게 데려다 줄 수 있는 기능을 갖춰야 하는 사람이에요. 택시 기사가 운전면허와 차량을 갖추고, 도로에 대한 이해가 필요한 것처럼 일러스트레이터는 누군가가 '이런 그림이 필요해요'라고 말하면 그 기대에 맞게 정확하게 결과물을 내놓는 능력이 있어야 해요. 그것이 바로 직업으로서의 일러스트레이터예요.

반면, 그림책 작가는 조금 다를 수 있어요. 작가는 자신의 경험과 감정, 시선을 통해 자신만의 길을 가고 싶은 사람이에요. 비유하자면, 어느 날 강릉 여행을 친구와 함께 갔는데 너무 아름다운 풍경이 눈에 들어왔고, 그 풍경을 나중에 혼자 꼭 다시 보고 싶어서 운전면허를 따서, 서툴지만 자신의 속도로 그곳을 찾아가는 사람이 작가예요. 이처럼 기술보다 '이걸 꼭 하고 싶다'라는 강렬한 욕구와 감각이 작가에게는 더 중요할 수 있습니다.

편 이 책을 읽으며 일러스트레이터가 될까, 그림책 작가가 될까, 고민하는 청소년이 있다면 어떤 조언을 하시겠어요?

이 이 일을 하고 싶다고 생각한다면, 스스로에게 먼저 물어봐야 해요. 나는 어떤 사람이 되고 싶은가? 누군가의 요청에 응답하는 전문가가 되고 싶은가, 아니면 내가 가고 싶은 길을 천천히 찾아가는 작가가 되고 싶은가? 둘 다 소중한 길이고, 어느 쪽이든 중요한 건 진지한 태도와 꾸준한 준비입니다. 하지만 그 시작은 '나에게 정말 이걸 하고 싶은 마음이 있는가?'예요. 그 마음을 들여다보는 데서 출발해야 합니다. 수업하다 보면 겉으로는 하고 싶다고 말하지만, 정작 그 욕구가 분명하지 않은 사람들도 있어요. 결국 이 일은 기술보다도 '나에게 얼마나 절실한가?'에서 출발하는 일이라는 걸 꼭 기억해 주면 좋겠습니다.

편 앞으로 하고 싶은 일이나 계획하고 있는 일이 있으세요?

이 요즘 들어 체력적인 한계를 점점 느끼고 있어요. 나이가

들면서 새로운 플랫폼이나 SNS 기반의 작업 방식에 적응하는 것도 예전 같지 않고, 점점 디지털 환경에 대한 피로감도 커지고 있죠. 그래서 앞으로 일러스트레이터로서 얼마나 더 활동할 수 있을지 현실적으로 생각하게 되는 시점이에요. 예전에는 그냥 책을 꾸준히 내다보면 자연스럽게 인세 수익도 조금씩 늘고, 나중에는 쉬엄쉬엄 작업하면서도 유지할 수 있겠다고 막연히 기대했거든요. 그런데 기대와 현실 사이에 차이가 있더라고요. 생각보다 인세 수익이 줄고 있다는 걸 체감하고 있어요. 예전에는 아무 일 안 해도 연 1,500만 원에서 2천만 원 정도의 인세 수입이 들어왔는데, 지금은 그보다 훨씬 줄었고, 오히려 더 많이 노력해야 겨우 유지가 되는 구조가 됐어요. 그래서 최근에는 단순히 책을 많이 내는 것보다 잘 팔리는 책을 만들어야겠다는 방향으로 마음이 바뀌었어요.

편 그래서 최근 준비하고 계신 프로젝트가 있으신가요?

이 지금은 단순히 그림책을 한 권 더 내는 게 중요한 게 아니라, 작가로서 새로운 전환점을 만들고 싶어요. 그래서 문학상 공모전에 출품하는 작업을 집중적으로 하고 있어요. 예전엔 공모전에 투고할 때 별 생각 없이 했지만, 이제는 문학동네나 창비처럼 출간 후 판매 반응이 좋은 출판사에만 집중해서 원고를 준비하고 있어요. 청소년 소설이든 동화든, 글 자체로도 평가를 받고 싶은 마음도 있죠.

편 그림책 작업도 여전히 병행하실 거죠?

이 물론입니다. 그림책도 계속 창작할 거예요. 다만 이제는 더 깊이 있는 작품을 공들여 만들고 싶어요. 그동안은 작업이 많다 보니 상대적으로 빠르게 만들어내는 방식이었는데, 이제는 시간이 좀 걸리더라도, 오래 남을 수 있는 책을 만들고 싶어요. 그래서 창작 그림책도 한 권 한 권 좀 더 신중하게 접근하려고 해요. 판매도 고려하고, 작가로서의 이미지도 함께 생각하면서 작업하는 방향으로요.

편 작가로서 새로운 시기를 준비하고 계신 거네요.

이 맞아요. 지금은 어떻게 보면 두 번째 전성기를 만들기 위한 전환점 같아요. 이제까지는 꾸준함과 다작이 중심이었다면, 앞으로는 작품성과 반응을 모두 잡는 방향으로 바꾸는 중이에요. 나이 들어서도 즐겁게 의미 있게 작업을 지속하려면 지금 이 변화가 꼭 필요한 시기라고 느끼고 있어요. 그리고 다행히 지금이 그 시기를 만들어갈 수 있는 때라는 생각이 들어요.

편 긴 시간 인터뷰에 응해주신 이갑규 작가님, 감사합니다. 그림 그리기를 좋아하고, 자신이 그린 그림으로 사람들과 소통하는 것을 즐기는 청소년에게 이 책이 도움이 되기를 바라며 일러스트레이터 편을 마칩니다.

청소년들의 진로와 직업 탐색을 위한
잡프러포즈 시리즈 82

그림으로 이야기를 담아내는
일러스트레이터

2025년 10월 20일 초판 1쇄

지은이 | 이갑규
펴낸이 | 김민영
펴낸곳 | 토크쇼

편집인 | 박성은
표지디자인 | 이든디자인
본문디자인 | 문지현
홍보 | 이예지

출판등록 | 2016년 7월 21일 제 2023-000173호
주소 | 서울시 마포구 월드컵북로98, 2층 202호
전화 | 070-4200-0327
팩스 | 070-7966-9327
전자우편 | myys327@gmail.com
ISBN | 979-11-94260-63-9(43190)
정가 | 15,000원